AF498957

N

N La lettre *n* s'emploie abusivement en picard devant le relatif *en :*

« *Nen* veux-tu du pain ? Tiens, *nen* v'lo. »

Devant le même relatif, elle se substitue à la liquide du pronom *il :*

« Pis (puis) qu'*in* (ine) en demande, ch'est qu'*in* (ine) en veut. »

Devant un verbe commençant par une voyelle, *n* remplace le relatif *en :*

« Il o perdu sen procès : in (ine) '*n* o bien du chagrin. »

Il en était parfois de même en vieux français :

« Ja '*n* arés à plenté. »
(*God. de Bouillon*, XIIIe s.)

Le *n* s'emploie pour la particule négative *ne*, même devant une consonne :

« I *n'* fero mie cho. »

On l'emploie aussi pour *ni:*

« I n'o *n'* ventre *n'* boyeux,
I n'o *n'* peur *n' freu* (frayeur). »

NA. Exclamation approbative répondant à l'expression familière *voilà*. *Na* signifie aussi : « C'est bien comme cela ; c'est assez de cela. »

Ce terme, à mon avis du moins, n'est autre chose qu'une aphérèse de *voilà* avec changement de *l* en *n*.

Na est aussi une exclamation qui s'ajoute à une proposition pour lui donner plus de force :

« J' veux 'nn avoir, *na!*
Tu 'nn airos point, *na !* »

NÂ. Adverbe de négation signalé par Corblet au sens de *non* Il s'emploie, dit-on, dans le canton de Bernaville. C'est probablement une forme de *nan*, qu'on rencontre bien plus souvent dans nos contrées. *Na* est probablement d'origine germanique, vi. sax. *na*, non, qu'on retrouve du reste en sanscrit.

NAC ou *naque*. Subst. masc, Flair, et, par métonymie, piste, et aussi un malpropre, un paresseux. (V. Corblet.) Dans le nord du domaine picard, en Hainaut, on dit *nac, naque*, odorat ; à Douai, avoir du *nac*, du nez, l'odorat subtil ; à Lille, émanation désagréable, flair, nez ; *snaque*, odorat. Une ancienne chanson en patois de cette dernière ville offre les deux formes, la première au sens figuré de *réputation*, la seconde à celui de *flair, odorat.*

« Sen nom n'a mie un trop bon *snaque*
Je cros qu' te cros que j' n'ai pu d' *naque.* »
(*Brule-Maison*, XVIIIe s.)

Le terme qui nous occupe est d'origine germanique, néerl. *snack*, respiration, *snacken*, respirer, prendre souffle. (V. Kilianus.)

NACHE. Subst. fém. Sorte de filet pour la pêche. On retrouve cette forme en ancien picard :

« Item une *nache* à paicher poison. XX sols. »
(*Invent. à Camon*, 1624.)

Nache vient du latin *nassa*. Il a donné en picard un dérivé à forme française : c'est *nasseur*, pêcheur à la nasse. On emploie aussi *nassier :*

« Halte-là ! dit ch' *nassier*.
Vite, ouvrez l' tabatière !... »
(*El' Voiture à quiens*, Franc-Picard, 1872.)

NACSIEU, dans Corblet *nactieux, actieux*. Subst. et adjectif. Personne difficile sur la qualité des aliments et leur préparation : un dégoûté qui examine de près ce qu'il va manger et éprouve une vive répugnance à la vue de la moindre ordure :

« On n' mange pas chez nous d' la berleude (vieille brebis)... Comme ancienne bouchère, j' sus (suis) très *nacsieuse* pour la viande. »
(G. Baril, *Caquets du Baquet*, Amiens, 1887.)

Ce terme s'emploie aussi dans le nord du domaine picard, à Lille, à Douai et en Hainaut. Il est d'origine germanique; allemand *nachsehen*, regarder, examiner de près, avec une extension de sens facile à expliquer.

NAGA. Subst. des deux genres. Individu qui ignore les mœurs et les usages généralement suivis (Beauvaisis). Les habitants de Damereaucourt, près Grandvilliers, portent le sobriquet de *nagas*.
Origine inconnue.

NAGUER. Epier par curiosité, tourner autour des gens pour examiner ce qu'ils font, regarder et fureter partout.
Dérivés : *Nagueu*, celui qui nague.
Naguard, même sens.

A Longpré, m'écrit M. Robert de Guyencourt, on appelle *nagueu* l'individu qui, dans un cabaret, rode autour des tables pour se faire inviter à prendre une consommation.
Ce terme est d'origine germanique, néerl. *nae-gaen*, suivre, au fig. observer quelqu'un, tendre un piège. (V. Duez.)

NAIE, nasalisé *nein* dans Corblet. Adv. de négation. Non. Corblet n'indique pas dans quelle partie du domaine picard est employée cette forme qui est fort ancienne :

« Et ki fu-il, savés le vous ?
— *Naie*, par Dieu... »
(*Gautier d'Arras*, XIIe s.)

— « Estes vous point navrés (blessé) nobiles chevaliers ? — *Naie*. »
(*Aiols*, XIIIe s.)

On rencontre en langue d'oïl *nai* monosyllabique :

« Vos n'estes mie nez (né) de France.
— *Nai*, ni seignor, mais de Bretaing. »
(*Ren.*, XIIIe s.)

Il est probable que le terme en question est de la famille du verbe de langue d'oïl *neier, naier*, lequel vient du latin *negare*, dire non, nier.

NAIN. Corblet donne ce mot au sens de *naïf, benêt*. Mais le bon abbé qui ne connaissait pas l'expression, ni son orthographe plus que son origine, a pris un *u* pour un *n* et a oublié, en conséquence, le tréma sur le *i*. Une faute du même genre lui a fait transformer *waras* en *naras*.
Le terme estropié par Corblet viendra à son rang sous la forme *naïu*.

NAINTRE et *nainte*. Subst. masc. Nain. Au féminin, on dit, selon les localités, *naintresse*, *nainte*. La forme *naintre* est donnée par Rob. Estienne, au XVIe siècle, comme synonyme de nain.
On sait que *nain* vient du latin *nanus*. Mais comment expliquer le suffixe *tre, te* de nos formes picardes? Je conçois que, au féminin, on ait pu dire *nainte*, comme on dit *porrite*, pourrie, *finite*, finie, etc. ; mais le suffixe *tre, te*, au masculin, reste, pour moi du moins, une anomalie bien singulière.

NAIREUX, dans Corblet *néreux*. Adj. Dégoûté, répugné. Les éditeurs de Crinon ont adopté l'orthographe de Corblet et écrivent *néreux*.

« Pour s'enrichir i n' feut pos ét' (être) doufreux (délicat, sensible)
Pa' ch' temps qui quieurt (court) et ni ét' troup *néreux*. »
(*Crinon*, Sat. IV.)

Dans le nord du domaine picard, on dit *nareux*, difficile pour le manger, qui a des nausées (Liège), *néreu*, en Hainaut, où il est à peu près synonyme de *nactieu* ; à Tourcoing, *nareur*, individu dont le goût et l'odorat sont difficiles.
Le mot qui nous occupe vient probablement d'un verbe néerlandais aujourd'hui disparu et dont le radical était *narr* (nar), près, et dont le sens était : *examiner de près* et, par extension, être difficile, puis dégoûté. C'est l'histoire du mot *nacsieu*, qu'on a vu plus haut.

NAÏU. Adj. et subst. Au fém. *naïue*, et, par addition de *s*, *naïuse*. Pour ce *s*, comparez *poiluse*, poilue, *rêtuse*, rêtue, etc. Le sens de ce terme est *naïf*, *benêt*, *trop ingénu*. Au pays de Crinon (Vermandois), on dit *naïeu* :

« I (ils) m'envoyaient in (en) Beauce, outant à Rome !
Pou' ch' paysan honteux et tout *naïeu*
Ech' n'est-i-point l' bout du monne qu' chent lieus (lieues). »
(Satyre XII.)

Les habitants de Bayonvillers (canton de Rosières) ont reçu le surnom de *naïus* à l'occasion suivante.

On sait qu'il n'existe ni dans ce village, ni aux environs aucun cours d'eau. Quelques habitants, au nombre de cinq, dit-on, désirant se donner le plaisir d'un bain froid, prirent pour lieu de leurs ébats une pièce de trèfle chargée d'une abondante rosée. Ils se dépouillèrent donc de leurs vêtements et se roulèrent à qui mieux mieux dans la verdure mouillée. Mais, — ce qu'ils n'avaient pas su prévoir, les innocents, — ils en sortirent avec la peau meurtrie et ensanglantée par l'*éteule* (ou chaume) restée sous le trèfle...

(*Communication de M. Semé*, de Lamotte-en-Santerre.)

Le terme *naïu* existait en langue d'oïl, mais au sens du latin *nativus* dont il vient, c'est-à-dire à celui de *naturel* :

« Li dus de Normandie et li quens de Pontiu
Qui de nostre franchise sont preud'ome *naïu*... »
(*Ch. des Sax.*, XIIIe s.)

NAN. Adv. de négation. Non. Ce terme est, à mon avis, une nasalisation de NA. (V. ce mot.)

« Ch'est mi qu'o gangné. — *Nan*, ch'est mi. »
(*Franc-Picard*. Ann. de 1889.)

— « Ah ! cha, est-che qu'os rêvez ?. — *Nan*. »
(*Chron. pic.*, 1889.)

La forme *nan* est ancienne en Picardie. On la rencontre au XIIIe siècle dans Eustache le Moine :

« Par foi ! dist Aufrans de Caïeu
Wistaches n'est gausnes ne bleu.
— *Nan*, dist Wales de la Capiele. »

De même au XVIIe siècle, dans la *Suite du Mar. de Jeannin* :

« Aussi, tout n'en vaut rien, dit Bastien Tabarie
— *Nan*, répond Martin Grul', ch'est eune grand folie. »

NANA. Subst. des deux genres. Personne niaise, un peu idiote. Se rencontre au même sens dans le patois de Liège.

Ce terme présente-t-il une réduplication de la syllabe initiale d'un mot, comme dans *gaga*, gâté, *dodo*, etc. ? Dans ce cas, *nana* serait pris du mot *naïu*.

Nana est aussi la forme picarde de *nanan* prise au sens de *bonne chose*, *friandise*. Dans le passage suivant, on applique le terme au café noir si cher aujourd'hui aux Picards :

« Eune (une) quiote goutte d'*nana*, atteinds Maria, i n'est pus qu'à récauffer. »
(*Chron. pic.*, 1889.)

NANAN. Quoiqu'en dise Corblet, ce terme n'est pas picard au sens de *friandise*. C'est un mot que chantent les femmes sur un ton de voix trainant lorsqu'elles bercent les enfants pour les endormir. De là les locutions : Aller *nanan* ou *nannan*, aller coucher ; *foire* (faire) *nanan*, faire dodo, dormir. De là encore par métaphore, *nanan*, *nainnain*, petit berceau d'enfant.

On rencontre notre locution dans le nord du domaine picard ; *nanan* a même donné à Liège le dérivé *nâner*, faire dodo, dormir.

Il est remarquable que ce dernier terme se retrouve en italien : *nannare*, dodeliner, dit Duez au XVIIe siècle.

L'origine des mots qui précèdent est latine. On trouve dans Perse *lallare*, chanter pour endormir les enfants, en parlant des nourrices : il y a eu changement des liquides *l* en *n*.

Je ne veux pas oublier que dans mon village et dans bien d'autres, *nanan* est devenu *nennin* (nainnain). Ce dernier mot a même donné le diminutif *ninette* et les paysans disent à un jeune enfant : « Tu vos foire (tu vas faire) *ninette* », c'est-à-dire *dodo*. Les nourrices disent à un enfant : « Fois *ninette*, men quiot fiu. »

NANDERIE. Un de mes correspondants me transmet ce mot et me dit : « Une rue d'Amiens s'appelait jadis *rue des Nanderies*. » Le premier *n* de ce mot est sans doute employé pour *l* ou *m*. Y avait-il là beaucoup de fabricants de *landiers* ? Les

Picards disant *mande* pour *manne*, se livrait-on dans cette rue à la confection des paniers et des *mandes* ? J'avoue, sans rien affirmer, que je penche pour cette dernière hypothèse et que *nanderie* me semble une altération de *manderie*. La rue des *Nanderies* était la portion de la rue Porte-Paris qui va de la place Saint-Denis à la rue des Jacobins.

NANGER. Forme picarde nasalisée du français *nager*, du latin *navigare*. Par changement de *n* en *l*, on dit aussi *langer*; mais, en général, on emploie la forme française *nager* :

« Il attrape l' vielle bégouine-lò et te l'envoie das (dans) ieue apprendre à *nanger*. »
(*Fr. Pic.*, Ann. de 1889.)

Loc. pic. : « Avoir sen cœur qui *nange* (dans la joie). »

NANTE. Subst. fém. Tante. Notre forme est, comme *tante* du français, une altération du primitif *ante*, du latin *amita*. L'addition de *n* à la syllabe initiale remonte fort haut :

« Vrouwe (dame) Eisse vo *nante*, qui...
Fu cousine... »
(*Collect. des Trouv. Belges*, XIIIe s.)

— « . . . . . et tant de boines dames
D'cinc si boine affoire ; ouy, les milleures
De tout le bas poays... [fames
Nante, sœur et cousinnes... »
(*Suite du cél. Mar. de Jeannin*, XVIIe s.)

Le terme en question s'emploie aussi dans le nord du domaine picard, en Hainaut, où l'on dit : « J'ai vu eune (une) d'ses *nantes*. (V. Hécart.) Le Dr Sigart dit aussi : « *Nante*, tante. »

D'où vient le *n* de la forme *nante* et comment l'expliquer? Par l'influence du pronom possessif *men*, *ten*, *sen*, dont le *e* tombe quand le mot suivant commence par une voyelle. *M'n onque*, mon oncle ; *m'n* érelle, mon oreille, etc. Le *n* du pronom s'est agglutiné au substantif comme l'article s'est agglutiné dans *lierre*, *lendemain* : de là *nante*. On verra plus loin que le même fait se reproduit dans le terme enfantin *nonnonque*, oncle, puisqu'on dit : « Tiens, v'lò *nonnonque*. » Ce *n* se rencontre encore, mais sans justification possible, dans *ninain* (nainnain), *guingnin*, *ninainne* (nainnainne), abréviations enfantines de *cousin*, *cousinne* (cousaine). J'ajoute que dans certaines localités, ce dernier terme se dit aussi pour *marraine*.

NAPPE. Subst. fém. Les Picards emploient ce mot au sens figuré et burlesque de *pan de chemise* : il en est de même, on le sait, du mot *bannière* qu'ils prononcent *benynière*.

NAQUETEUSE. Subst. fém. Dénomination dans le canton de Villers-Bocage, de l'ouvrière qui, avec ses dents, enlève les nœuds et les corps étrangers restés dans la laine peignée à la main. Ce terme est un dérivé du verbe *naqueter* qu'on employait au XVIIe siècle au sens de *claquer des dents*. (V. Duez.) *Naqueter* est un diminutif d'un primitif *naquer* lequel est d'origine germanique, néerl. *knaghen*, ronger (Kilianus) : on sait qu'en flamand comme en anglais, le *k* initial suivi de *n* ne se prononce pas. Le néerlandais *knagen* se rattache au vieux saxon du littoral *gnaegan* que Somnerus donne au sens de *ronger*, *mordre*.

NARAS, dans Corblet, est une erreur de lecture pour *waras*, comme *nain* en est une pour *naïu*.

NARINNE (narainne). Subst. fém. Forme picarde du français *narine*. Cette forme est ancienne dans nos contrées.

« Un jour s'apparut à iaus (eux) une baleine molt grande après iaus, qui gietoit escume par ses *narrinnes*. »
(*Légende de St-Brandaines*, XIIIe s.)

On rencontre aussi la forme *nérinne* au XVIIe siècle dans le *Mariage de Jeannin* :

« Quand che vint à prier les poairins et moaifrinnes
Vos cuchiez veu (vu) Jennain qui chifloit des [*nérinnes*. »

Il existe à Amiens une *rue de Narine* remontant au XVIe siècle. Elle doit son nom, paraît-il, à une enseigne que l'on voit orthographiée *Narraine* dans le document suivant : « Une grande maison sise rue des Cordeliers, tenant par derrière à la maison qui a pour enseigne *La Narraine*. »
(*Arch. de la Somme, Reg. aux Saisines*. 1641 à 1618.)

Que représentait cette enseigne? Cela reste à découvrir pour arriver à l'étymologie du mot. Une famille *de Narine* a aussi existé autrefois à Amiens, peut-être n'est-elle pas étrangère au nom que porte la rue dont il vient d'être question.

NASE. Subst. fém. Mucus nasal, morve.

Loc. pic. : « Il o coire de l' *nase* à sen nez», se dit ironiquement d'un jeune garçon qui affiche des prétentions peu en rapport avec son âge.

D'un individu sans énergie, les gens de mon village et des environs disent qu'*il est mou comme de l' nase.*

Dérivés : *Naser*, rendre en quantité du mucus nasal.

Nasier, morveux, au fém. *nasière* (Béthune).

Nasu, morveux; au fém. *nasuse*. S'emploie comme substantif : « Un *nasu* », un morveux.

Nasieu, forme picarde du français *naseau*.

Nason, mouchoir de poche.

Nasonner, parler du nez, nasiller.

Nasouiller, même sens; au fig. parler sans savoir bien ce qu'on dit.

Nase est de la famille du mot *nez* qui, en langue d'oïl, s'est dit *nas* (V. Hippeau), comme il se dit encore en wallon et en provençal. L'origine du latin *nasus*, nez, est le sanscrit *nas.*

NATAU et *nateu*. Adj. masc. Se rencontre dans l'expression *jour natau* ou *nateu*, jour de grande fête ou de grande solennité civile ou religieuse. Corblet ne donne cette expression qu'au pluriel : *jours nataux*; mais elle se dit au singulier dans le canton de Villers-Bocage et ailleurs.

Natau vient du latin *natalis*. Il s'appliquait, à l'origine, au seul jour de Noël; il s'est appliqué plus tard aux quatre grandes fêtes religieuses de l'année et ensuite à tout grand jour de fête :

« Item que aux jours solempneux et par especial aux quatre *natauls* de l'an, la Boucherie soit close. »

(*Ordonn.* de 1401, *Cartul. d'Enere.*)

NATURIAU. Adj. masc. Ne s'em[illegible] que dans le proverbe suivant relev[illegible]d. Paris :

« Ch'est *naturiau* (naturel) à einne (une) vaque (vache) d'aimmer (aimer) sen viau (veau) », c'est-à-dire : C'est chose naturelle d'aimer ses enfants.

Nous tenons ce terme de la langue d'oïl qui disait *naturau*, *natureau*, naturel, du latin *naturalis :*

« Ains cuidast que il fust un *naturaus* François. »

(*Alix.*, XIIe s.)

NATURISER. Rendre moins sauvage, apprivoiser, habituer, familiariser, accoutumer. S'emploie aussi au sens de *naturaliser* dont il est, du reste, une simple et évidente contraction.

NAUBÉPINE et dans certaines localités, *naubépinne* (naubépainne) cacographié *nobépine* dans Corblet. Subst. fém. *Aubépine* mot qui vient du latin *alba spina*, épine blanche, en picard *épinne blanque.*

On sait que le *l* de *lierre*, *lendemain*, provient de l'agglutination de l'article au substantif. Le *n* de *naubépine* est dû à la même cause, seulement le *l*, dans le cas qui nous occupe, est devenu *n*. C'est ainsi que j'ai entendu cent fois des paysans dire : *l' nendemain* et plus souvent *l'nnemain*, pour *le lendemain.*

NAVEAU, *naviau* (Corblet), *navieu* en Artois. Subst. masc. Navet :

« J'n'ai jamais mangé un aussi bon *naviau*. »

(*Pet. Progrès*, Amiens, 1890.)

— « I leu (leur) faut d' l'ieu (eau)
Pour laver leus chous et leus *navieus*. »

(*Fête d'Arras*, 1839.)

Toutes ces formes nous viennent de la langue d'oïl :

« S'en fait le chief voler com se (si) fust d'un *naviel*. »

(*Ch. d'Ant.*, XIIe s.)

Le vocabulaire du XIIIe siècle édité par Chassant dit : « *Rapa*, *naviau*. » Celui de Douai dit : « *Napa*. naviau »

Un inventaire dressé à Amiens en 1619 dit :

« Une portion d'aire chargée de poireaux et *naveaux*. »

Le radical des formes picardes est le latin *napus*, navet, d'où est venu sans doute un diminutif *napellus*, lequel, par changement de *p* en *v*, a donné à l'origine *navel*, *naviel*, puis *naveau*, *naviau*, comme *martellus* a donné *martel*, puis *marteau*, *martiau*.

Nous avions jadis, en picard, un autre *navel* au sens de *bateau* et qui venait, lui, d'un bas latin *navellus*, diminutif de *navis* :

« ... trouvoit le *navel* pour mesner (mener) et ramener le musnée de Fouencamp à Paveri et de Paveri à Foueneaus en telle manière que le dit *navian* ne servoit de rien, fors de mesner et ramener le dite musnée et de passer ceux de Foueneaus pour aller et venir. »

(*Enquête à Hailles*, 1290.)

— « Que toutes personnes ayans aucuns bateaux ou *navirons* au dessur et au desoux de la dite ville d'Amiens, les amainent... »

(*Les Chabault*, par M. A. Janvier.)

NAVETAS. Subst. masc. Tige sèche du colza dont la graine a été enlevée par le battage. S'emploie dans l'Artois. Dans les environs de Douai, le *v* s'est durci en *f*, et l'on dit *nafetas*.

Ce terme est un dérivé de *navet*. C'est ainsi qu'on a tiré *favas* (tige sèche des fèves) de *fèves*, *pesos* (tige sèche des pois) de *pois*, etc. On sait que *navette* qui a le même radical latin que *navet* est un synonyme de *colza*.

On a vu, T. 1er, p. 130, que *colza* est devenu chez nous *cosso*, qui a donné le diminutif *cossinet*, tige sèche du *cosso*. Je ne veux pas oublier qu'au nord d'Amiens (canton de Villers-Bocage), le *navetas* s'appelle *cossia* et *cossette* qui sont deux autres diminutifs de *cosso*.

NAVIRON. Subst. masc. Aviron, forte perche terminée par une armature en fer. Cette forme se rencontre dans les anciens inventaires :

« Trois *navirons*. »

(*Amiens*, 1596.)

Elle est du reste fort ancienne dans nos contrées :

« Métés (mettez) les *navirons* dedens le nef. »

(*Lég. de Saint-Brandaines*, XIIe s.)

Il est très remarquable qu'on trouve en vieux français le verbe *navirer* au sens de *ramer*. Le vocabulaire du XIIIe siècle édité par le P. Labbe dit : « *Remigare*, navirer », c'est-à-dire *ramer*. J'ajoute que dans une très ancienne traduction de la Légende citée ci-dessus, le mot latin *remigium* est rendu *naviron* :

« Ita sine *remigio*, sine velis ferebatur navis...

Et en tel manière sains (sans) *naviron* et sains voile alloit lor nés (nef)... »

Le terme qui nous occupe existe aussi dans le nord du domaine picard : le wallon dit *naviron*, *naeuron*, que Grangagnage rapporte à *navire* et dont le français *aviron* ne serait qu'une altération. « Mais, dit Littré, *aviron* est trop ancien dans la langue pour permettre cette explication. » Littré connaissait-il les formes relevées plus haut et qui sont aussi anciennes que celles qu'il donne ? Je l'ignore. *Naviron* se rattache-t-il au vieux verbe *navirer*, ramer ? *Aviron* n'est-il qu'une altération de *naviron* ou vient-il de *a* et de *viron* ? Je laisse à des juges plus compétents que moi le soin de trancher la question.

NAVRER. Ce verbe qui est français, se rencontre dans la curieuse locution picarde *Navrer d'ieu* inonder d'eau, tremper jusqu'à la peau. On lit dans le *Sermon du curé d'Arquèves* :

« Ons (nous) voiroimes si vos enfants iroient coire avu des étichoirs par ch' treu d' séruse de l' porte *navrer* ches gens *d'ieu*. »

NAYER et *neyer*, dans certaines localités, *nier*. Formes picardes du français *noyer*, du latin *necare*, faire périr.

« I gn'y en o pus qu' daux (deux) ou trois chents à *neyer*. »

(*Pet. Prog.*, 1890, Amiens.)

Nayer fait au futur *nairai* ou, comme en patois normand, *nérai*. Rappelons à ce sujet un bon mot déjà ancien, réédité en ces derniers temps dans un almanach de Lille. Un Normand qu'on pendait sur un pont disait au bourreau : « Attaque me ben (bien), car si je teimbe (tombe), je m' *nérai*. »

Dérivé : *Renayer*, mettre tremper dans l'eau les récipients en bois dont les douves ont été disjointes par la sécheresse.

Ce dérivé est fort ancien chez nous. On

le rencontre sous une acception figurée dans le Reclus de Molliens :

« Hom fous, entent, je te di : Wai ! (va !)...
Tu sanles tonnel desnaiié (pie. act. *éelié*)
Tu as et cuer (cœur) et cors laiié (laissé)
Courre en tous délis (délices)...
Renaie-toi, hom desnaiiés ! »
(*Miserere*, XIIe s.)

C'est aussi au figuré qu'un paysan de nos environs employait le dérivé *renayer*. Passant un jour près d'une mare avec sa femme qui l'accablait de reproches immérités, il poussa celle-ci, d'un coup d'épaule, dans l'eau. Et comme on lui demandait pourquoi il avait jeté sa femme à l'eau, il répondit : « Alle (elle) avoit bsoin (besoin) d'ête *r'nayé*. »

Une courte observation à propos du Reclus de Molliens.

On vient de débaptiser à Amiens trente ou quarante rues et de leur donner le nom d'hommes plus ou moins illustres. Comment a-t-on pu oublier l'auteur du *Miserere*, l'une des gloires les plus pures et les plus incontestables du dialecte picard ? J'espère que la Société des Antiquaires de Picardie fera le nécessaire pour qu'une des vieilles rues qui avoisinent Notre-Dame devienne à bref délai la *rue du Reclus de Molliens*.

NÉAN. Subst. masc. Ce terme a été relevé à la Neuville-lès-Amiens, où il est le nom de l'insecte nommé en français *courtilière* ou *taupe-grillon*. De l'autre côté d'Amiens, à Saint-Maurice, les hortillons l'appellent *alétan*.

Faut-il rapprocher le mot *néan* du mot *man*, qui, selon un de mes amis, désigne à Mailly (canton d'Acheux) comme en Normandie (Pont-Audemer, Dieppe), la larve du hanneton ou ver blanc ?

Pour ma part, je suis porté à croire que *néan* est une corruption de *man*, car l'un et l'autre de ces insectes ont cette analogie qu'ils produisent de grands ravages dans les cultures maraîchères. Du reste, le *m* est devenu *n*, en picard, dans *gerne*, germe, et la rue des *Canettes*, à Amiens, s'appelait jadis rue des *Escamettes*. Au surplus, l'origine de *man* n'est inconnue et il en est de même de celle d'*alétan*.

NÈCHE. Subst. fém. Herbe qui pousse dans les blés semés trop clair et surtout quand l'année est humide ; c'est un synonyme de *salouche*. Ce terme a été employé par notre poète Crinon :

« Quand il (l'enfant) est grand...
S'i (il) vut parler outroument qu' sen patos (patois)
I dit des nèche' à l' plache ed (de) des sa-(louches,
Des mi, des moi, des cuillér' et des louches. »
(*Sat. X.*)

Nèche vient probablement du haut allemand *lisca*, bruyère. On a comparé la *nèche*, plante parasite, à la bruyère et il y a eu changement de *l* en *n*.

L'opposition dans Crinon du *mi* au *moi*, c'est-à-dire du patois au français, me rappelle une expression assez curieuse. Dans mon village et dans les environs, les paysans appellent *moi ci moi ça* les bourgeois qui parlent le français, comme ils appellent *chi cho* les Amiénois des bas quartiers qui parlent le picard.

NELLE. Subst. fém. Forme picarde du français *nielle*, plante qui croît dans les blés et dont la graine est noire. Le radical de ce mot est le latin *niger*, noir.

NEN. Négation. Non. Du latin *non*. *Non* est devenu *nen* comme le français *nenni*, de *non illud*.

Ne pas oublier que le *en* picard se prononce *ain*.

NENNEMAIN. Subst. masc. Lendemain. La forme généralement employée est *lennemain* dans laquelle le *d* est tombé comme dans *monne*, monde, *ronne*, ronde, *calène*, calandre, etc. Mais bien des fois dans mon village et ailleurs, j'ai entendu dire *nennemain*, par le changement déjà tant de fois signalé de *l* en *n*.

NENNIN. Non. Cette forme, relevée par Corblet, n'est autre chose que le français *nenni* avec nasalisation de la syllabe finale.

NENTILLE. Subst. fém. Lentille. Cette forme n'est pas plus générale que *nennemain*, mais elle a été relevée par Corblet et je dois la signaler parce qu'elle offre un nouvel exemple du changement de *l* initial en *n*.

Je suis bien aise, à propos du mot qui nous occupe, de consigner ici une observation.

Les gens de mon village et de cent autres, ne mouillent pas le *l* et disent *lentile ;* ils le mouillent au contraire dans le dérivé *lentillon*. Le même fait se reproduit : *file*, fille et *fillette* ; *tile*, tille, et *tilleu*, tilleul ; *bile*, bille, et *billard ; orgueul* et *orgueilleux* ; *feule*, feuille, et *feuillet*. De même dans *moulle* (je) et *os mouillons*, nous mouillons ; *toulle* (je), je mêle, et *os toullons*, nous mêlons, etc. Ces faits montrent qu'en bien des localités, le picard ne mouille que quand la syllabe finale n'est pas muette.

NERVÉ. Adj. D'un homme robuste et fort, les paysans disent qu'*il est bien nervé*. Ce terme est un dérivé de *nerf*, du latin *nervus*.

NE'S, ou NE L'S. Contraction de *ne les*. On dit :

« Os (nous) ons (avons) beeroup (beaucoup) d' pronnes (prunes) ; mais je *ne's* aime point. »

Par euphonie, le picard fait entendre nettement le son *e* après *ne 's* ou *ne l's* lorsqu'une consonne les suit : « V'lò (voilà) des pronnes ; tu ne's *e* paros (prendras) point. »

NÉSETTE et *neusette*. Subst. fém. Formes picardes, selon les localités, du français *noisette*, lequel est un diminutif de *noix*, du latin *nucem*. Pour le son *oi* (oué) devenu *é*, *eu*, comparez *éson*, *euson*, oison, *ésieu*, *eusieu*, oiseau, *laisi*, loisir, etc.

NÉTIER. Forme picarde du français *nettoyer*.

Dérivés : *Nétiage*, action de *nétier*.
Nétiures, Subst fém. Ce qu'on enlève par l'action de *nétier*, de rendre propre.

Notre verbe picard se rencontre en vieux français sous la forme *nectier :*

« Adonc seray en l'eaue de liesse
Tost refreschi. et au souleil de France
Bien *nectié* du moisy de tristesse. »
(*Ch. d'Orléans.*)

NEU et *nu*. Adj. Formes picardes, selon les localités, du français *neuf*, du latin *novus*, neuf. On lit dans le *Franc-Picard*, *Ann. de* 1878 :

« Titi aveu (avec) un habit à queue d'éronde, un cravate blanc, un capieu *neu* (neuf) étoit magnifique. »

Il y a eu, dans la forme *nu*, réduction de *eu* à *u*, comme dans *ju*, jeu, *fu*, feu, etc. Au féminin, le *v* reparaît et l'on dit partout *neuve*, comme en français, même dans les localités où l'on dit *nu* au masculin.

On rencontre *neu* pour *neuve*, en composition dans le nom de nombreuses localités de la Somme : *Neuville*, du latin *nova villa*, *Neuvillette*, diminutif de *Neuville*. Le *f* de *neuf* a persisté dans *Neufmoulin* qu'on prononce *Neumoulin*.

Neuville, *Laneuville*, *Deneuville* sont des noms de famille très répandus dans nos contrées.

NEUCHE. Subst. fém. Forme picarde, à Amiens et dans d'autres localités, du français *noce*, du latin *nuptia*.

NEUER. Forme picarde du français *nouer*, du latin *nodare*, même sens. Notre forme se retrouve en vieux français :

« Renart le prent et si li *neue*
Entor la queue au miex (mieux) qu'il puet [(peut). »
(*Ren.* XIIIe s.)

NI. Altération par changement de *l* en *n* du pronom picard *li*, lui. Ce changement ne se produit que devant le relatif *en* :

« Je n' vux (veux) mie *ni* en demander. »

NIAF. Subst. masc. Cordonnier, savetier et, par extension, individu malpropre, peu soigneux, inhabile. Dans bien des localités on dit *gniaf*. V. à son rang *Gnaf*.

NIAITE. Adj. Féminin de *niais*.

« Faut point braire comm' cho, grande *niaite !* »
(*Quiole Colette*, ch. par *Dupuis*, Amiens, 1891.)

Dans bien des localités, on prononce *gniaite*.

On sait que *niais* vient du latin *nidacem*, oiseau pris au nid, puis par extension individu bête, sot.

NIANMOINS et *niamoins*. Adv. Forme picarde, dans bon nombre de localités, du français *néanmoins*. Le *i* pour *e* de notre forme picarde se rencontre au XIVe siècle dans Oresme qui écrivait :

« Et *niantmoins* il fait toujours son devoir. »

Le mot en question est composé de *néant* et *moins*, rien moins.

NICHE. Adj. Simple, naïf, niais, sans expérience, nice, et de plus, dans le Doullennais, indolent, insouciant, acception qu'il avait jadis en français, puisque Rob. Estienne dit : Nice, *segnis*.

Notre forme picarde est très ancienne.

« Et elle ert (était) haute dame et riche :
S'avoit baron (mari) mauvès et *niche*. »
(*Lai du Conseil*, XIIIe s.)

« — Mais cil (ceux) del païs sont molt *niche*. »
(*Fergus*, XIIIe s.)

Niche du picard, comme *nice* du français, vient du latin *nescius*, qui ne sait pas, ignorant et, par extension, simple, niais.

NICHETTE. Subst. fém. Œuf naturel ou artificiel qu'on place dans le nid des poules pour les exciter à y aller pondre.

Nichette est un diminutif de *niche*, lequel est un dérivé de *nicher*, du latin *nidicare*, faire son nid, nicher.

Un synonyme de *nichette* est en usage au nord d'Amiens, c'est *nichot*. Ce terme a en outre l'acception de *noyau de fruit*, sans doute par assimilation à l'œuf placé dans le nid. La forme ovale des noyaux de cerise, prunelle, etc., justifie parfaitement cette acception.

NIÈCHE et *nieuche*. Subst. fém. Formes picardes, selon les localités, du français *nièce*, du latin *neptia* dans les textes latins du moyen-âge.

« Je lais pour Dieu et en osmone à Agnès, *nièche* men mari, men sercot de thané. »
(*Test. de Maroie Grande, déjà cité.* Année 1333.)

— « Si (aussi) me recommande à vo père et à vo mère... et à vos *nièches*. »
(*Dialogue pic. flam.*, XIVe s.)

— « . . . Che foayt (ceci fait), nous canterons Enne (une) boine canchon que no *nièche* Talve Fachonnit (composa) l'autre jour. . . »
(*Mariage de Jeannin*, XVIIe s.)

La forme *nieuche*, qui est très usitée, se rencontre dans un curieux adage relevé *de auditu* par Ed. Paris en 1850 :

« D' *nieuche* d' curé,
D' fille d' cabaretier,
N' feut point s'en enger. »

NIER et *nyer*. Forme picarde du français *noyer*, du latin *necare*.

Cette forme fort ancienne persiste toujours :

« Si ére (si j'étais) rois, j'es feroie tous en un puis *nier*. »
(*Gaut. de Coincy*, XIIIe s.)

— « Ch' ti qui veut appreinne à nanger,
De s' *nier* n' court pont l' danger. »
(*Fête d'Arras*, 1851.)

NIEULE. Subst. fém. Pain à chanter, oublie. Ce terme est en usage dans tout le domaine picard sous les formes *nieule*, *nûle*, et par abus *nulle*. A Lille, les *nieules* sont des pâtisseries en forme de pain d'autel de grande dimension, faites dans une sorte de gaufrier et ornées de dessins. Dans l'Amiénois, la *nieule* est le pain d'autel qu'on distribue le jour de Pâques aux fidèles, qui le conservent dans leur livre d'office ou l'attachent aux parois d'une pièce de la maison ou à un des panneaux de l'armoire, ce qui, dans leur naïve croyance, les préserve de tous les malheurs.

Ce terme vient du latin *nebula*. C'est une expression métaphorique ; la *nieule* doit en effet son nom à sa légèreté et à son peu de consistance. Les formes relevées par les continuateurs de Du Cange sont : *nuble*, *neule*, *nieule*, *niule*, toujours au sens figuré d'*oublie*.

NIFLER. Ce verbe existait jadis dans le français au sens de *respirer par le nez* : il a persisté en picard au sens de *flairer*, au figuré *épier*, *examiner de près ou avec curiosité*. Notre poète Crinon l'a employé à celui de *courtiser* dans le passage suivant où il s'agit du petit ménager de la campagne qui, dit-il,

« Crot (croit) réhcuchi ed (de) beucoup s' condition
En envoyant e-s (sa) moum'selle en pension,
Avu (avec) l'idée c-qu' (que) six mos (mois) d'écoulage

Li f'ront truver ein (un) censier en mariage :
Ches lieux sens (sans) doute en apprendant
son retour,
En' manqu'ront point d'aller *nifler* outour. »
(*Sat. XII.*)

Dérivés : *Niflard* et *nifleux*, qui nifle souvent, au figuré, celui qui épie.

Niflet jonne), jeune morveux, au fig. jeune homme sans expérience. La forme *nivelet* qui est très répandue est le produit d'une altération de *f* en *v*.

Niflette, narine, et, de plus, rhume de cerveau. On le trouve à cette dernière acception dans un article du *Petit Progrès de la Somme*, année 1890 : « Attendez un « quiot molet que j' m'é- « ponche ; j'ai couru si vite « que j' sus seur d'en attra- « per l' *niflette*. »

Le radical de *nifler* est l'anglo-saxon *neb*, bec, nez, bas allemand *nibbe* anc. scand. *nebbi*, d'où le vieux saxon *snofel*. *snofl*, *snyflung*, rhume de cerveau, néerl. *snof*, *snuf*, meme sens, *snoffen*, respirer par le nez, *snofeln*, même sens, plus celui de *chercher à la manière des chiens*, c'est-à-dire en flairant partout. C'est sans doute de ce dernier verbe que nous est venu *nifler* à ses différents sens, nous avons laissé tomber le *s*, ce qui est du reste arrivé chez les Allemands qui ont le verbe *nuffeln*, renifler.

NIGEOTER cacographié *nijoter* par Corblet. Paresser, par allusion a l'individu qui reste au lit ou littéralement au nid ; au fig. s'amuser à des riens, en un mot *niaiser*. Notre diminutif est un dérivé du verbe de langue d'oïl *niger*, niaiser, faire le nigaud, qui avait donné l'adverbe *nigosseurement*, sottement, en nigaud. (V. Roquefort) On rencontre encore au XVIIe siècle dans Cotgrave, le verbe *niger*, s'amuser, paresser. C'était au figuré que ce terme signifiait *niaiser* : il répondait au sens vrai à *nicher*. rester au nid (V. Hippeau) ; il a conservé son acception propre dans le nord du domaine picard, (V. Hécart.) J'ajoute que le *g* se retrouve dans Froissart qui emploie le composé *aniger*, pic. act. *anicher*. (V. *Le Jol. Buisson de Jonèce.*)

On sait que le *c* donne tantôt *ch* (*figicare*, ficher), tantôt *g* (*judicare*, juger). *Nidicare* a donc pu donner *nicher* et *niger* et il n'y a là, à mon avis, qu'une simple variante dialectale.

Nidicare est, comme on l'a vu plus haut, un dérivé de *nidicus*, qui est au nid. L'adjectif *niais* a le même radical puisqu'il vient de *nidacem*. Nous avons donc là deux mots latins ayant le même sens. Or le radical latin *nic* qui est dans *nidcus*, *nicus*, contraction de *nidicus* se retrouve sous la forme *nic*, *nig*, dans plusieurs mots dont l'origine est inconnue ou controversée et dont les finales me paraissent tout à fait fantaisistes.

Le radical *nic*, *nig* se rencontre dans les mots suivants : *nicodème*, niais, *nigaud*, niais, *niguedouille*, niais, pic. *niguend* et *nigaudinosse*, niais; *niguedoule* et *niquedoulle*, dans plusieurs localités *nigdondoule*, niais. A ces mots il faut ajouter *niguenogue*, très usité dans mon village et ailleurs au sens de *niais*.

Nidicus contracté en *nicus* a-t il donné un primitif *nic*, *nique*? Je n'ai jamais rencontré ce primitif dans les anciens textes ; mais je n'ai pas la prétention d'avoir tout vu et il ne faut pas oublier que nous ne trouvons pas dans les textes, tous les termes dont se servaient jadis nos lointains aïeux. Le primitif en question se retrouve dans deux diminutifs devenus des noms de famille : ce sont *Nicot* et *Niquet*, dont le sens originaire est *qui reste au nid*, et, par extension, *niais* Nous avons donc soit avec *c* dur, soit avec adoucissement de *c* en *g*, le radical des mots français ou picards qui suivent : *nicodème*, *nigaud*, *niquet*, *niguedouille*, *nicdoule*, *nigotinosse*, *nicdoudoule*, *niguenogue*. Quant aux finales, elles sont, je le répète, de pure fantaisie, et, par suite, réfractaires a toute analyse et à toute explication. Je n'en excepte pas même celle de *nigaud* qui, du reste, n'est acceptable que dans l'hypothèse d'une origine germanique indiquée par Diez et d'ailleurs contestable, tandis qu'on peut, d'après ce qui précède, avancer sans trop de témérité que *nigaud* doit s'écrire *nigot*, puisqu'il n'est autre chose que *nicot* avec adoucissement de *c* en *g*.

NIGOT. Subst. masc. Magot, réserve cachée d'argent ou d'autre chose. Se dit dans les environs d'Amiens et surtout dans le nord du domaine picard. Ce terme se rattache à un radical *nic* indiqué plus haut, radical qui répond à l'idée de *nid*, *nicher* ou *faire un nid* : la preuve, c'est que dans mon village et les environs, les paysans disent d'un homme qui amasse : « *I foit* (fait) *sen canichot* », littér. son *petit nid*, sa petite réserve. Synonyme pic. *Mugot*.

NIMERO. Subst. masc. Ce terme est une des formes picardes du français *numéro*. V. *Liméro*.

NIN ou *nen*, prononcé *nain*. Adv. de négation. Pas, point, non. Cette expression est fort ancienne et se rencontre avec un *t* final à une haute époque :

« Car... pensout (pensait)...
Aller...
Nent (non) à cheval, mais tut à pé (pied). »
(*Tristan*, XIIe s.)

— *Reddite*, mordinbleu, *quæ sunt Cæsaris Cæsari*... Dites m'in peu (un peu) chan qu'cha vut (veut) dire ? Cha vut dire qu'i faut aller sen dreut (droit) qu'min (chemin) et *nin* point (non point) par ches tiots chentiers... »
(*Serm. de Mess. Grégoire*, XVIIe s.)

Il me semble difficile de se prononcer sur l'étymologie de ce mot. En effet, le son latin *on* de *meum*, *tuum*, *suum* a donné *en* (ain) en picard dans *men*, *ten*, *sen* ; de plus *om* (du latin *homo*), d'où *on* en français, est devenu *in* (ain) dans tout le nord du domaine picard. Notre *nen* en question peut donc venir du latin *non*. D'un autre côté, on rencontre en vieux français *nient*, pour *pas*, *point*, du latin *nec entem*, néant :

« Car *nient* plus ke l'iaue assasie (rassasie). »
(*Le Reclus de Molliens*, XIIe s.)

Notre *nen* peut donc venir aussi du *nient*, *nent*, de la langue d'oïl. J'expose des faits et laisse à d'autres plus compétents que moi, le soin de trancher la difficulté.

Une question :

Le *en* picard provenant soit de *en* ou de *in* latins se prononce *ain* : *centum*, chaint (cent), *movimentum*, mouvemaint (mouvement); *intrare*, aintrer (entrer), etc. Prononçait-on jadis *ain* ou comme aujourd'hui *an* ? Il est difficile, sinon impossible, de le savoir. Mais, en tout cas, la prononciation *an* n'était pas générale comme le prouve le passage suivant dans lequel *apprend* rime, comme à la picarde, avec *emprint* :

« Et que il puist la fin ataindre
De Perceval que il *emprint* (entreprit),
Si con (comme) li livres li *aprent*... »

(V. *Tristan*, édit. Fr. Michel; *Introd.* p. 33.)

NINET, *ninette*. Diminutifs enfantins de *cousinet*, *cousinette*, petit cousin, petite cousine. Une lettre en patois, publiée dans le *Journal de Doullens* en 1887 porte pour souscription : « Vo (votre) *ninet* bien dévoué ».

Ninette existe, mais à un autre sens, dans une locution picarde. On dit : « Foire *ninette* », faire dodo, dormir. Ce terme figure dans des chansons ou refrains fort en usage pour endormir les enfants en les berçant :

« Dodo *ninette*
L'enfant Pérette :
Maman alle est allée à ch' bous (bois) ;
Alle (elle) rapportero un quiot fagout (fagot)
Pour cauffer les pieds d' nou (notre) quiout (petit). »

Corblet dit que ce mot vient du celtique *ninia* et cela sans même indiquer le sens de ce mot celtique. J'ai indiqué sous *Nanan* l'origine de ce terme qui se rattache non au celtique, mais au latin *lallare*. (V. *Nanan*.)

NINITE et *ninique*. Niais. C'est un synonyme de *nicodème*, *nicdoule*, etc. La première forme a été relevée par Corblet ; la seconde était le sobriquet, à Gentelles, de M. Durand que les gens de mon âge ont connu sous l'appellation de Jean *ninique*.

Les deux formes présentent un redoublement comme celui qu'on rencontre dans les termes enfantins : *pépère*, *mémère*, *fréfrère*, etc. Dans la première, *t* remplace *qu*, comme dans *tien* pour *quien*, chien, *tiot*, petit, pour *quiot*. Si dans la seconde, qui est originaire, on retranche le redoublement, sans aucun doute adventice, il reste *nique* et nous avons le primitif venu du latin *nidicus* contracté en *nid'cus*, *nicus*, primitif qui a le sens de *niais* et qui constitue le radical de *nicdoule*, *nigot* (nigaud), *nicodème*, *niquenaque*.

NINNIN (nainnain) *ninninne* (nainnainne) et avec *g* mouillé *guinguin*, *guinguinne*. Cousin, cousine. Ces mots sont des termes enfantins sur lesquels il est inutile d'insister.

NIN TRE PUS, par métathèse, au second mot, *nin ter pus ;* de plus *non ter pus*, dans le Vermandois. Locution adverbiale dont le sens est : *Pas beaucoup plus* :

« Ch'est chan (ce) qui foit qu'os ne vos boutez *nin tre pus* en peine d'mi tout come d' vo cat... Si os (vous) m' volez croire, n' bayez *ninterpu* ches biens d'ichi-bas come rien, mais pensez à cheti d'en-haut qu'est bien pus bon et pus meilleur... Mais jappons un peu d' nos Erliques : ch'est einne honte ! In (on) ne les boise (baise) *nintrepu* qu' des quiens... »

(*Serm. de Mess. Grégoire*, déjà cité.)

— « J' croyois vir la fin du monne ; je l' reluquois l'échpse, pus mort qu' vif, en disaut : « Nous sons f... ! » Quoi qu'i 'n arriv'ro ? L' savez-vous, vous, Mosieu ? Eh ben ! ui mi (moi) *nonterpus*. »

(*Le Patin*, journal publié à Péronne, 1865.)

L'origine du premier et du dernier mot de cette locution n'a pas besoin d'être indiquée, elle est bien connue. Quant à *tre*, c'est une altération de *trop* : le son *o* est devenu *eu*, puis *e*. *Trop*, on le sait, servait jadis à rendre l'idée qu'on exprime aujourd'hui par *beaucoup* :

« *Trop* plus qu'à milliers et à cens (cent)
De douleurs en mon cueur je sens. »

(*Rondeaux* publ. par M. G. Raynaud.)

NIOLE et *gniole*. Subst. fém. Coup appliqué avec la main, tape, soufflet. Ce terme est une variante de *nieule*; son sens est ici métaphorique, et l'on dit *appliquer une niole* par allusion à l'habitude qu'ont les paysans de coller leur pain d'autel aux panneaux de leur armoire.

Dans mon village et ailleurs, le terme en question s'emploie au sens figuré de *indolent, paresseux, sans courage*, et l'on dit d'une personne de ce caractère : « Ch'est einne *gniole*. » On la compare à la pâtisserie légère, sans consistance et sans valeur, que constitue l'oublie ou *nieule*.

NIOT, *gniot*, et par redoublement *gniognio t* : *niout* et *gnout* dans beaucoup de localités où *o* devient *ou ;* à Villers et à Gentelles *nior ;* à Sailly-Lorette *niof*. Adj. Simple d'esprit, benêt, sot, niais. Dans mon village, une branche de la famille des Degouy est qualifiée *ches gnouts*.

En langue d'oïl (V. *Hippeau*), *niot* apparaît avec la signification de nichet. C'est aussi à ce dernier sens qu'il se maintient dans le patois normand (V. *Moisy*) où de plus il reçoit, comme en picard, l'acception métaphorique de niais, sot, nigaud. Ce terme est donc encore un des nombreux dérivés du radical latin *nidus*.

A l'égard de la forme particulière *niof*, usitée à Sailly, on peut se demander si elle représente une simple altération de *niot*, ou bien, si elle ne devrait pas être rattachée à une autre famille, et provenir de l'ancien h. allemand *niuw*, neuf, novice.

Nous avons en picard un autre *niot*, dénomination d'un petit mollusque comestible, univalve, dont la coquille se développe en spirale : c'est le *turbo littoreus* de Linnée. On l'appelait *vignot* et *vignol* en vieux français. *Niot*, à ce sens, est une simple altération de *vignot :* la première syllabe est tombée. C'est ainsi que *hainon* (V. ce mot) est devenu *non* à Amiens dans le langage des gens du peuple. L'expression *vignot* est métaphorique. C'est à sa forme que ce mollusque doit son nom, venu du radical d'un verbe néerlandais *winden*, tourner, rouler. Les Normands appellent aussi *vignol* le monticule artificiel, établi dans certains jardins d'agrément, au sommet duquel on arrive par un sentier en hélice. Dans le Boulonnais, le *niot* s'appelle *guignette*, diminutif où le *g* dur remplace normalement le *w* du radical germanique indiqué plus haut.

NITAPIA. Subst. Imbécile, sot, maladroit. Cette expression a été signalée par Corblet. Mais j'ai relevé il y a trois ans, à Corbie, une autre forme de la bouche d'un marchand de vaches, qui disait à un de ses confrères : « Tu n'es qu'un *nicapia* d'avoir acaté l' vaque lò chent écus. »

On rencontre parfois en picard *t* pour *c* dur ou *q* et réciproquement : *quiot*, petit, et *tiot ;* bronchite, *bronchique*, etc. Quelle est pour le mot qui nous occupe, la forme originaire? Je n'en sais rien : ce terme n'a pas d'historique. Si *nicapia* est la bonne forme, ce terme a le même radical que *nicdouille* et autres mots de même signification et il a, comme eux, une finale purement fantaisiste.

A propos des nombreux termes qui ont,

à mon avis du moins, le radical commun *nic, nig*, et pour signification également commune *niais*, je suis bien aise de faire remarquer que l'un d'eux, *niguenague*, s'emploie à Amiens au sens de *ivre*.

« Feut (il faut) vous dire, Babet, qu'hier qu'étoit diminche j'étois un molet... *niguénague*. »

(*G. Baril, Caquets du Baquet*, 1887.)

Au nord d'Amiens, on emploie ce terme au sens de individu *qui s'exprime mal ou avec difficulté*. C'est encore là un sens secondaire et qui s'explique de lui-même : un niais ne saurait parler comme un Cicéron ou un Bossuet.

NITÉE. Subst. fém. Nichée, grande quantité. Nous tenons ce terme de la langue d'oïl. On ne le trouve pas dans les anciens dictionnaires, et son admission dans la langue française est relativement peu ancienne ; elle est due, sans doute, au fait que cette expression a été employée par La Fontaine qui était picard.

La forme *nitée* n'a rien d'étonnant, puisqu'on rencontre *nit* pour *nid*, du latin *nidus*, dans le vocabulaire du XIIIe siècle, édité par le P. Labbe.

NITRELLE. Subst. fém. Ce terme n'est autre chose que *litrelle* : il y a eu changement de *l* initial en *n*, changement déjà signalé et qui se représentera bientôt au mot *nivieu*. Pour l'origine, se reporter à *Litrelle*.

NIVELET (jonne). Gamin, jeune morveux ; *nivelette*, gamine, jeune fille sans expérience :

« Ch'est cho des bans (bains) de mer ! Figurez-vous eiune (une) quinzangne (quinzaine) d' jonnes *nivelets* qui veulent entrer das (dans) ieu (eau), qui veulent e bien, mais qui n'osent e point. »

(*Fr.-Pic*, Alm. de 1889.)

Nivelet s'emploie aussi sans adjectif :

« Combien qu'in (on) vot (voit) d' *nivlets* pis d' tchiouts jogneux
Prenne (prendre) plaisi à r'cueilli s-z (les) étinchelles... »

(*Crinon*, Sat. VII.)

Nivelet se rattache au radical germanique *neb*, bec, nez. (V. *Nifler*.)

NIVIEU. Subst. masc. Niveau ; du latin *libella*, même sens. Le vieux français disait *livel*, *liveau*. Il y a eu ensuite, comme chez nous, changement de *l* en *n*.

NIX. Exclamation de refus, de négation. Non, non pas, zut ! Ce terme nous a été apporté par les soldats du premier Empire à la suite des guerres d'Allemagne, ainsi que par les Allemands eux-mêmes, lors de l'invasion de 1815.

NIZ prononcé *ni*. Subst. masc. Forme picarde du français *nez* (du latin *nasus*), dans les nombreuses localités où le son *é* se change en *i*. La forme *niz* existait en langue d'oïl. (V. *Hipocau*.) Je connais à Villers-Bretonneux une famille qu'on appelle *ches niz copés*, parce que l'un de ses membres, dans une rixe de cabaret, eut le nez fendu d'un coup de bouteille.

Dans le Ponthieu, *nez* se prononce *neu*.

« Et portant, ch'est che qui no (nous) pend à tertous au bout d' no (notre) *neu*. »

(*Lett. de J. Croedur*, 1887.)

NO. Forme picarde pour les deux genres du pronom possessif *notre*, du latin *noster* : il y a eu chute de la dernière syllabe. Devant un mot français, les paysans disent *note*. Dans les localités assez nombreuses où *o* devient *ou*, on dit *nou*. Ainsi dans mon village, les vieux soldats de l'Empire disaient *nou dame* en parlant de leur femme. *No* se rencontre dans une curieuse locution fort en usage. Quand un enfant peu poli, parlant à un parent ou à un étranger, répond par *oui* ou *non* tout sec et tout court, le père lui dit : « Oui, *no* ou *nou* quien ». Et l'enfant qui sait de quoi il s'agit, dit : « Oui, mon oncle », ou : « Oui, monsieur », selon le cas.

Notre forme *no* est fort ancienne :

« Nous aquillimes *no* voie dusques au rivage où *no* nachielle estoit. » — « Inchoavimus iter... usque ad littus ubi erat navicula *nostra*. »

(*Leg. de St-Brandaines*, XIIe s.)

Pour les temps modernes, je me borne à rappeler ce curieux couplet qu'on chantait ici dans mon enfance :

« Catleinne, débairnique ten gard'cul,
V'lò Chaclot qui vient t' vire (*Vir*, voir) :
Mets rade (vite) t' boyette dins ten cul,
Sors ed (de) *no* came (chambre) sans rire. »

Parfois on rencontre dans le langage des paysans le français *notre* avec métathèse de *tre* en *ter* (tèr) ; cela arrive notamment devant le mot *Dame* dans l'expression *Notre-Dame*, ainsi l'on dit : « *Noter*-Dame ed Berbière » en parlant de la célèbre Vierge d'Albert.

Dans le Vermandois, *nôtre*, pris substantivement, se dit *neure* :

« I n' fourot point, pour qu'is trov'te l' *neur'* [boune,
'S-z-affrioler d' soupe à l' chair ed (de) Pé- [ronne. »
(*Crinon*, Sat. XII.)

Nous avons en picard un autre *no* qui est un pronom démonstratif et signifie *cela* :

« Cousin, passons là d'sur, pa'che (parce) qu' des mots hébreux comme *no* (cela) cha n' put (peut) mie s'entiquer das m' chervelle. »
(*H. Lescot*, *Dial. fr. pic.*, 1885.)

No, qui ne s'emploie que dans le cas d'une comparaison, n'est autre chose que le reste du démonstratif picard *chelo*, lequel répond au démonstratif français *cela*. *Chelo* a perdu sa syllabe initiale comme *nut* (vignot), *non* (bénon), et le *l* de la finale est devenu *n*, fait déjà plusieurs fois signalé.

NOAL (monosyl.). Prononciation picarde, à Amiens, du français *Noël*. C'est ainsi que les gens du peuple disent : « Le docteur *Lenoal* est l'un de nos meilleurs médecins. »

NOBE. Adj. Forme picarde du français *noble*, du latin *nobilis*. A Gentelles, où les gens ne se piquent pas de délicatesse, ce mot est devenu un substantif, et l'on dit : « J'ai tué un *nobe* ». On désigne ainsi l'animal qu'on se contente ailleurs d'appeler un *habillé de soie* ou *un monsieu*...

Je ne puis m'empêcher de placer ici une courte observation.

Sous les mots il y a des idées, et les idées révèlent l'état mental de ceux qui les ont. Dans l'expression *nobe* appliquée à un animal immonde, on retrouve un vieux reste de la haine des paysans contre les seigneurs, et dans *monsieu* leur pointe persistante de jalousie contre les bourgeois qui sont bien habillés et parlent le français.

NOBLESSE (*enne*, une). Subst. fém. Membre d'une ancienne famille noble, que ce soit un homme ou une femme.

L'origine de ce mot est connue.

NOBLIOT. Subst masc. Littéralement *petit noble*. Cette expression désigne, à Amiens et ailleurs, un membre de l'ancienne aristocratie, surtout quand sa position de fortune n'est pas en rapport avec ses prétentions. Il y a donc dans cette appellation une évidente pointe d'ironie, due au génie éminemment goguenard de la race picarde.

Dans le nord du domaine picard, on dit *nobiliot*, petit noble : « Ch'est un p'tiot *nobiliot*; s' père vendot de l' molue (morue) à l' life (livre) », c'est-à-dire était commerçant.

Une satyre de la seconde moitié du siècle dernier, due à la plume mordante d'un Amiénois, fait allusion en ces termes aux *nobliots* de la deuxième catégorie :

« Dans la Capitale du monde
On voyait le moindre bourgeois,
Plein d'une fierté sans seconde,
S'estimer autant que les rois
En grandeur d'âme ; notre ville
Doit, avec elle, aller de pair,
Puisque son moindre vendeur d'huile
Se croit valoir un duc et pair. »
(*Placet au Roi*, par les *Habitants d'Amiens*.)

NOC ou *noque*. Subst. masc. Ce terme est commun au picard et au nouveau français. Mais il n'a en français qu'une seule signification, celle de *canal en bois servant à conduire un ruisseau pour lui faire franchir un fossé*. Chez nous, *noque* et ses dérivés *noquière*, ou en francisant : *nochère*, *noquet*, ont des significations qu'il est bon de signaler brièvement :

1° Chêneau de toit ; 2° gouttière établie en façade ; 3° ustensile servant à faire écouler un liquide d'un récipient dans un autre ; 4° canal étroit creusé pour faire écouler les eaux ou pour les détourner ; par extension : filet d'eau courante, petit cours d'eau.

Sigealons tout de suite qu'il existe dans notre département plusieurs de ces dernières sortes de *nocs* : le *noc* de Cayeux ; le *noc* qui sort de l'étang de Rue ; le *noc* d'Offoi, petit cours d'eau qui se jette dans la Somme au-dessus de la pointe du Hourdel ; le *Petit-Noc* passant au Crotoy. J'ajoute qu'on appelle *Canal nocage* le petit canal qu'on rencontre entre Villers-sur-Authie et Quend-le-Vieux.

Quelques citations montreront que les termes en question sont anciens dans la langue picarde :

« Les religieux (d'Auchy-les-moines) peuvent faire aller l'eau de la rivière par un *nocq.* »

(*Cout. loc.* du Bailliage d'Amiens, par Bouthors, année 1507.)

— « Il sera faict ung *nocq* (chêneau) par les parties à communs fraiz. »

(*Vente à Doullens*, 1582.)

— « Renouveller à neuf la gouttière ou *nocq* qui est entre les deux combles. »

(*Procès-verbal à Canaples*, 1666.)

— « Item deux *nocqs*, trois mandes à escorches, quatre varlets... »

(*Invent.* de 1670 chez un teinturier. Amiens.)

— « Si une *nocquière* (gouttière, chêneau) était mise sur l'héritage (bâtiment) tant de l'un que de l'autre... »

(*Cout. de Douai*, 1627.)

Le radical *noc* avait donné chez nous le verbe *noquer*, établir un *noc*, et le substantif féminin *noqueure* établissement d'un *noc*. Mais ces dérivés n'existent peut-être plus.

« Chascun en la dite ville (Saint-Riquier) peult faire cheoir les eaues chéans (tombant) de sa maison, sans *noquer*, sur le place non amasée de son voisin, .. tant et jusques à ce que led. voisin fait (fasse) édifflier là où lesd. eaues chéent (tombent) ; en faisant lequel édifice.. celui à qui appartient la maison... est tenu à ses dépens y faire *noqueure*. »

(*Cout. loc.*, par Bouthors, 1507.)

Noc avait donné aussi le dérivé *noquier*, au sens de préposé à l'entretien des *nocs* ou canaux de dessèchement du Marquenterre.

J'oubliais qu'on appelle *noquet* un petit noc en bois qui s'adapte au bec de certains saloirs lorsque ceux-ci sont trop remplis de viande fraîche. Il sert à transmettre dans un autre vase l'excédent de la saumure à mesure qu'elle monte près du bord :

« Ung saloir avec le *noquet*. »

(*Invent.* Amiens, 1576.)

Noc est d'origine germanique, teut. *nocke*, incision. (V. Kilianus.) On sait que jadis le *noc* ou chêneau se faisait d'une seule pièce de bon bois, évidée dans le sens de sa longueur en forme d'angle rentrant ou coche, de façon à recevoir les eaux pluviales et à faciliter leur conduite à un tuyau de descente.

NOCAR ou *nocart* dans l'expression *blé nocar*, blé roux, barbu, c'est-à-dire armé de nombreux poils ou filets. *Nocar* n'est autre chose que *locar* avec le changement de *l* en *n* déjà tant de fois signalé. Pour l'origine se reporter à *Locar*.

NOCHE et *neuche*. Subst. fém. Formes picardes du français *noce*. Mariage, noce et, par extension, grand banquet, bombance, grande réjouissance.

Loc. pic : « N'ete point à *neuches* », n'être pas heureux, avoir de grands soucis, passer un mauvais quart d'heure.

« O n'est point tous les jours à *noches* », on n'est pas tous les jours dans la joie.

« Ah ! quiot, qué festin, einne vraie *neuche* : du pichon, du roti. . »

(*Fr. Pic.*, Ann. de 1890.)

— « Ch' royaume d' Diu i ressanne (ressemble) à ein roi qui, volant foire les *neuches* d' sen fiu... »

(*Trad. de St-Mathieu*, par *Ed. Paris*, 1863.)

— « Ch'est pardonnable l'intempérance à eine (une) *neuche*, à eine tripée. »

(*Fr. Pic.*, Ann. de 1889.)

Ces formes sont fort anciennes dans nos contrées :

« Droite voie est de mariage...
noches (l'état de mariage) sont ausi com le
cage on enclot l'oisel sauvage. »

(*Reclus de Molliens*, XIIe s.)

« Tibaus, li pastisiers (pâtissier), doit livrer tous les pasteis qui nous faurront à nos *noches*. »

(*Dial. pic.*, *Fatras*, XIVe s.)

Origine latine comme : *nuptiae*.

NOE, *noué*, et, par changement de *e* en *a*, *noua* ; à Amiens et au nord de cette ville *noé* (monosyl.). Subst. masc. Formes picardes du français *Noël*, du latin *natalis*.

Proverbe picard : « O-z-a (on a) tant crié *Noé* qu'il est arrivé. » Cela se dit d'un événement, même très ordinaire, qui arrive après avoir été longtemps attendu et désiré.

Le dialecte picard disait *Noeus* au cas sujet et *Noël* au cas régime. Le médecin picard Alebrant écrivait au XIVe siècle : « Si on tressaloit (omettait) le bissexte (bissextile), après mult d'ans *Noeus* escarroit (tomberait) entor le feste Saint-Jehan, et le feste St-Jehan entor le *Noël*. »

NOEUD. Subst. masc. Petite tumeur ou bouton à la peau. Du latin *nodus*, même sens.

Synom. pic. *Dechette*.

NOEUND ou *Nund*, prononcé *nœun*, *nun*. Subst. masc. Forme, dans mon village et dans cent autres, du français *nid*, du latin *nidus*. Cette nasalisation se rencontre dans les localités situées à l'est et au sud-est d'Amiens ; ailleurs on dit *nid* comme en français. Il est à remarquer que le *u* subit la même transformation que le *i*.

Je donne quelques exemples.

Ami *amœun* ou *amun* ; joli, *jolœun* ; lit, *leunt* ; perdrix, *pertrœun* ; fini, *finœun* ; béni, *bénœun*, etc.

Fu (feu), *fœun* ; ju (jeu), *jœun* ; vendu, *vendœun* ; *Diu* (Dieu), *Dieun*, etc.

Le *i* des finales wallo-picardes ne se nasalise jamais : *ainmi*, aimer ; *dansi*, danser ; *ratt*, râtel, rateau ; *monchi*, monchel, monceau, etc.

Expression picarde : *Nœund* ou *nid d'agache*, cor aux pieds. Se reporter pour cette locution au mot *Agache*.

Les mots *nid*, *nœund* et *agache* se rencontrent dans un dicton picard fort curieux et d'une concision remarquable. Pour exprimer le fait, assez fréquent du reste, qu'un homme meurt peu de temps après fortune faite dans l'industrie ou le commerce, les Picards disent :

« *Nœund* ou *nid* foit (fait)
Agache morte. »

Je dois communication de ce dicton à un honorable négociant d'Amiens, grand amateur d'expressions picardes, qui, assistant ces jours derniers au banquet des sapeurs-pompiers de Cachy, me disait en dégustant son verre de champagne : « Connaissez-vous la réflexion que font les ouvriers du quartier Saint-Leu quand on leur offre un verre de bon vin ? » — « Non, monsieur. » — « Ils disent : Ch'est embêtant qu'o (on) boit toujours ch' boin van (vin) dins des quiots (petits) voirres (verres) et pis ch'méchant dins des grands. »

NO FOIT ou NOU FOIT. Locution adverbiale négative : *non*, *non pas* ; ainsi dit par ellipse pour : « *Non, cela n'a pas été fait* ou *n'est pas arrivé*. » En cas d'affirmation, le Picard dit au contraire : « *Si foit* » ou : « *Si est* », en articulant *si est* en une seule syllabe : *sié*.

Notons en passant qu'on rencontre en vieux picard notre locution a d'autres temps qu'au présent de l'indicatif :

« Et mi don' », dit Prinot, « mordaubiu ! lo [dirai-je ? »
— « Neunin. » — « Si *f'ra*. » — « Nou *f'ra*. »
— « Corbiu, dis-le ?... »
— « *Nou foai*. »...

(*Suite du Cél. Mar. de Jeannin.*)

No, dans cette locution, n'est autre chose que *non*, avec chute du *n* final, comme dans *o* pour *on*. Le *o* est devenu *ou* dans la forme *nou*.

NOIR BOUILLARD et mieux *Bouillard noir*. Dénomination de l'oiseau aquatique nommé *chevalier noir* ou *chevalier arlequin* et par les naturalistes : *Limosa fusca* ou *Scolopax fusca*. Il y a deux principales sortes de *chevaliers*, que l'on distingue par la couleur de leurs jambes qui sont rouges ou noires. Quand on ne désigne pas l'espèce, on appelle tout simplement cet oiseau *bouillard*. C'est à la nature des lieux qu'il fréquente que le *bouillard* doit ce nom ; il habite les prés, les rivières et les étangs, et entre dans l'eau jusqu'aux cuisses. Le radical de ce terme est le néerlandais *poel* (prononcé *poul*), marais, étang. (V. *Kilianus*.) Nous avons changé le *p* en *b*, mouillé le *l*, et ajouté le suffixe *ard*.

NOIR-CAR, cacographié *noircar* dans Corblet. Subst. masc. Cambouis. Notre expression est elliptique ; *noir-car* est pour *Noir du car* (chariot, véhicule), le vieux oint noirci qui s'échappe des moyeux.

NOIRCASSIER. Subst. masc. Individu dont le teint est brun, noirâtre. Ce terme est un dérivé de *noir-car* qui, par addition de la finale péjorative *assier*, a donné *noir-cassier*, comme *écrivain*, *finaud*, etc., ont donné *écrivassier*, *finassier*.

NOIRCHIR. Forme picarde du français *noircir*. Prière au lecteur de ne pas oublier que *oi* se prononce *oué*.

Cette forme est fort ancienne :

« Maintenant commencha li jours à oscurchir,
Li solaus à changier et li chius (ciel) à *noir-*
[*chir*. »

(*Alixandre*, XIIe s.)

Dérivés : *Noircheur*, noircissure, noirceur.

Noirchir a donné aussi sous forme de diminutif le dérivé *noirchon* qui a plusieurs acceptions. Dans sa brochure sur les *Us et Coutumes des Habitants de Meigneux*, M. de Guyencourt écrit : « Parmi les significa« tions multiples de *noirchon*, on relève « celles de jeune porc marqué de taches « noires, de balai destiné aux plus vils « usages, et, au figuré, d'homme plus que « négligé dans sa tenue. Le *noirchon* est « aussi un récipient pour mettre les eaux « grasses, les détritus de toutes sortes, « ordures et épluchures, destinés aux « porcs. » On dit *noirçon* dans les environs de Corbie.

Autres dérivés :

Noiret. Adj. Un peu noir. Cet adjectif est un nom de famille assez répandu, notamment au Hamel.

Noireux, qui a la chevelure noire ou tirant sur le noir.

Le radical originaire de tous ces termes est le latin *niger*.

NOIRIR. On rencontre cette forme au sens du français *nourrir*, pic. *norrir*, dans le *Dialogue de deux paysans*, manuscrit du XVIIIe siècle :

« Leus femes (celles des bourgeois d'Amiens) sont foites comme les nötes... Alles (elles) ont l'air ed (de) des foireuses (c'est-à-dire : ont le teint blanc). Ch' tapendant alles sont belles et bien *noyries*. »

J'ignore si cette forme est encore en usage dans quelque coin de la Picardie.

NOIR-MÈLE. Subst. masc. Au féminin *noire-mèle*. Dénomination picarde de l'oiseau appelé *merle*, du latin *merula*. On rencontre aussi, selon les localités, *normèle*, par réduction de *oi* en *o*, *ormèle* et *oirmèle*, par chute de la lettre initiale *n*, *ourmèle*, par changement de *o* en *ou*. La forme la moins altérée est, on le voit, *noir mèle*. Le vocabulaire de Lille, qui est du XVe siècle, porte : « *Merula : noire merle* ». Les anciens Picards ont cru devoir ajouter au mot *merle*, dont le *r* est tombé depuis, l'épithète : *noire*.

La forme *ormèle* est en usage dans mon village et dans les environs. Au nord de Corbie, *o* devient *ou* et l'on dit *ourmèle*, notamment à Franvillers. Un ouvrier de cette commune me disait un jour, en parlant de son patron qui était enrhumé et crachait beaucoup : « I (il) rassaque (expectore) des jacobins (crachats) comme des têtes d'*ourmele*. »

NOISIBE. Adj. Inoccupé, libre de son temps, qui a quelque loisir. Ce terme n'est autre chose que *loisibe* (loisible) avec changement de *l* en *n*.

NOLER. Attacher, nouer, boutonner. Ce verbe nous vient de la langue d'oïl. (V. Hippeau.)

« Une fillette vestue d'une houppelande longue à grans coudières *nolées* (boutonnées) au poing. »

(*La Curne, Add. des Edit.*)

Le radical de ce mot était en langue d'oïl le substantif *noel*, *nouel*, nœud, bouton, qui répondait au latin *nodellus*, diminutif de *nodus*, nœud.

NONCHALANDEUX. Adj. Indolent, nonchalant.

NONE et *nonne*. Subst. fém. L'heure de midi.

Loc. pic. : *Après nonne*, après midi, après dîner.

« L' Présideint vos (vous) rechuvaro (recevra) à deux heures apreus *nonne*. »

(*Lett. de J. Croédur*, 1887.)

Autre loc. pic. : *Faire nonne*, prendre quelque repos vers midi.

Dans le passage suivant l'expression répond à *après souper* :

« Ein (un) jour... os (nous) étoimes (étions) *après none* à no' raferquir sus l' porte... d'vant (avant de) nos en aller couquer... »
(*Ann. d'Abberille*, 1890.)

Nonne avait donné en langue d'oïl le verbe *noner*, prendre le repas du soir. (V. Hippeau.)

En Artois, *nonne* est devenu *nenne*, et l'on dit : « *Nenne* est sonnée », il est midi sonné. Le *o* s'est changé en *é* comme dans *nen*, non, *in* (ein), on, *men*, mon, etc.

None vient, on le sait, du latin *nona*, la neuvième heure du jour.

NONNETTE (Grande-). Subst. fém. Dénomination picarde de l'oie rieuse l'*anser albifrons* ; ainsi nommée par un semblant d'analogie avec la vraie *nonnette* ou religieuse qui, on le sait, porte constamment un frontal blanc. Une autre espèce d'oie voyageuse à collier blanc, le cravan, se nomme chez nous *crot nonnette*. Que signifie *crot* relevé par Corblet ? Cet auteur n'en dit rien, sans doute parce qu'il n'en savait rien. J'avoue que je suis dans le même cas.

On appelle aussi *nonnette* le *harle piette* (*mergus albellus*) autrement dit *quiot hurlard* et *pilet neunette*,

Nonnette se rencontre dans l'expression *pangnier à nonette* que M. de Guyencourt a relevée dans certains inventaires dressés à Meigneux au siècle dernier. On désigne ainsi dans le canton d'Hallencourt, — à ce que l'on m'affirme sous toute réserve, — le grand panier rond à anse et à couvercle qui se porte au bras. J'ignore pour quelle raison cette espèce de panier a été ainsi dénommée.

NONOTTE. Subst. fém. Menotte, petite main. Terme enfantin formé par redoublement du suffixe et qu'on rencontre aussi dans le nord du domaine picard :

J' vante ichi l' majon du Broutteux :
Pou' (pour) les dam's muchi leus *nonottes*
Quand qu'i f'ra frod. y a des mauch'rons »
(manchons).
(*Le Broutteux*, 1882.)

Le redoublement de la dernière syllabe accentuée, avec chute des syllabes qui la précèdent, se rencontre dans un assez grand nombre de mots ; mais surtout dans ceux qui constituent des prénoms. On en jugera par quelques exemples relevés dans mon village :

Joséphine, *Phiphine* ; Théophile, *Phiphile*, Philippine, *Pipine* ; Célestine, *Titine* ; Constantin, *Tintin* ; Charlotte, *Lolotte* ; Benjamin, *Minmin* ; Léopold, *Popol* ; Auguste, *Gugus* ; Baptiste, *Titis* (titisse), etc.

NORIR et *norrir*. Formes picardes du français *nourrir*, du latin *nutrire*, même sens. On lit dans l'*Almanach de poche d'Amiens*, année 1849 :

« ... Asseurant de l' *norir* comme ein cot (un chat) dens [ein] paingnier dusqu'à ce qu'i trépasseroit »

Et dans la *Satyre d'un Curé picard*, année 1734 :

« ... Que n' parlez-vous de ches gras chainnoines,
Que n'tapez-vous dens vos sermons tous ches rich' moines ;
Ches gens-lo n'ont-i point à menger en part eux
Chou (ce) qu'i faut pour *norir* einn' familie et mêm' deux !
N'ont-i point, sans rien foir' tout' sort' dens leus moisons,
Pendant qu'en travaillant ons (nous) n' mengeons que d's oignons. »

Nos formes sont fort anciennes :

« Envie, d'autrui dolour rit
Et d'autrui joie ploure et crie ;
D'autrui craisse Envie amaigrit,
Autrui maigrèche le *norrist*. »
(*Reclus de Mollieus*, XIIe s.)

— « Ai-je paour que Dieu me faille
Qui *norrist* les oisaux aux chans (champs) ? »
(*Rec. de Fab. et Cont.*, XIIIe s.)

A la même famille se rattachent les mots qui suivent :

Norriche et *neuriche*, nourrice.

« Madame Colin profite d' ches vagances (vacances) pour aller vir s' mère *neurriche*. »
(*Bonhomme pic.* 1891.)

Notre forme chuintante est fort ancienne. Le médecin picard Alebrant écrivait au XIVe siècle :

« A l'endormir de l'enfant doit le *norriche* canchonnettes beles et douces canter. »

Norrichon, *nourrichon* : nourrisson.

« J'y ai vu des p'tiots *nourrichons*... »
(*Fête d'Arras*, 1863.)

Cette forme est aussi fort ancienne :

« ... les ex (yeux) li crèvera,
Et à son *norrichon* les garez (jarrets) coupera. »
(*Rou*, XIIe s.)

Dans mon village et dans cent autres, *norrichon* a pour synonyme *parigot*, enfant de Paris, litt. petit Par sien.

Norriture, nourriture.

Nortier, *nourtier*, mieux *noretier* et, par changement de *t* en *q*, *norequier*. Nourrisseur, celui qui élève des bestiaux. On qualifie *boin nouretier* le cultivateur qui nourrit bien ses bestiaux et les maintient en parfait état. La forme avec *q* est ancienne ; Froissart écrit : « Les fourbourgs de Cimai estoient grant, et moult de grans *nourequiers* i demoroient. »

Nourrin, petit porc sevré qu'on laisse grandir jusqu'à ce qu'il soit en état d'être soumis au régime de l'engraissement Cette forme n'est pas moderne :

« Plus a, ladite Josse, donné au prouffict des marians cinq bestes chevalines, tous les porcs à elle appartenant sauf deux *nourrins* à son choix. »

(*Cont. de mar.*, *Doullens*, 1585.)

Je ne veux pas oublier que *noretier* contracté en *nortier* est un nom de famille à Thésy et dans d'autres localités.

NOSTRUM, dans la locution *Connoite l' nostrum* : connaître son affaire, le tour, la manière de procéder.

L'abbé Corblet dit, pour l'expliquer, qu'on sous-entend *negotium*. Mais que vient faire le pronom *nostrum* ? Cette explication est, on le voit, inadmissible.

M. le professeur Delboulle, qui a relevé la même locution chez les Picards de la vallée d'Yères, la rattache à un autre ordre d'idées. Il écrit : « Connaître le *nostrum*, « savoir son affaire, être au courant d'une « chose, comme le prêtre qui, après le « *Christum Dominum nostrum*, n'est pas « embarrassé pour trouver la fin de « l'*oremus*. »

Cette explication ne me satisfait pas plus que celle de Corblet.

Nous avons chez nous plusieurs locutions du même genre. Examinons-les ; peut-être nous aideront-elles à expliquer celle qui est ici en question.

Les Picards de la vallée d'Yères disent : *Perdre le nostrum*, perdre la tête, ne plus savoir où l'on en est d'un travail commencé. (V. Delboulle.) Cela répond, on le voit, à la locution bien connue : Perdre son *latin*.

A Amiens et dans les localités environnantes, on rencontre, au lieu du mot latin *nostrum*, le substantif *franças*, et l'on dit : *Connoite son françois*, ce qui, au figuré, répond exactement à : *Connoite l' nostrum*.

De ces rapprochements, il résulte, à mon avis du moins, que dans les locutions : *Connoite* ou *perdre l' nostrum*, ce dernier pronom ne peut être rapporté à telle ou telle phrase d'un texte quelconque. C'est une expression employée là arbitrairement comme le mot *latin* dans *perdre son latin*, comme le mot *françois* dans : *Perdre son françois*, et qui n'a de valeur, dans cette circonstance, que celle tout aussi arbitraire qu'on a eu la fantaisie de lui donner.

Du reste la fantaisie semble s'être attachée avec obstination au mot qui vient de nous occuper. On le rencontre en effet dans la singulière expression : *Ete* (être) *Dominum nostrum*, être ivre... Je laisse à d'autres le soin d'expliquer cette locution, en usage à Amiens et dans bien d'autres localités ; je me contente de faire observer que, dans le même ordre d'idées, on dit partout : « Etre dans les vignes du Seigneur ».

NÔTE. Pron. poss. employé substantiv. Notre, du lat. *noster*.

« L' *nôte*, d' fiu, i quemenche aussi à grandir. »

NOTRE, dans la locution adverbiale : « *A Notre-Dame belle heure* », fort tard, à une heure indue. Les Picards font figurer le nom *Notre-Dame* dans plusieurs locutions plus ou moins burlesques. Une des plus curieuses est celle qui est en usage dans le nord du domaine picard. A Tourcoing, on dit : « Dire des prières à Noter-Dame des boinés djampes (jambes) », c'est-à-dire : s'enfuir, se sauver à toutes jambes.

NOUD. Subst. masc. Forme picarde dans le Boulonnais du français *nœud*, du latin *nodus*. La forme *nou*, d'après Roquefort, existait en langue d'oïl, et on la rencontre, avec le *d* étymologique, dans Marot, qui dit :

« Portant sur eux des cordes à gros *nouds*. »

(*Citat. dans La Curne.*)

NOUÈ (monos.). Subst. masc. Forme picarde du français *Noël*. On rencontre cette forme au XIVe siècle :

« Et lors sera en consolacion
Tant que chascun devra crier : *noué !*
(*Eust. Deschamps.*)

Dans mon village et dans cent autres, le *é* est devenu *i* et l'on dit *noui.*

NOUER. Ce verbe avait, en vieux picard, une acception particulière, celle de mettre une étoffe en cuve pour la teindre :

« Item que on ne puist tixtre (tisser), *nouer* ne entraire (fouler) laines après le cloque... »
(*Ordonn. de l'Eschev. d'Amiens*, 1346.)

Nouer est, à mon avis, une variante de *noyer*, mettre dans l'eau. Pour l'extension de sens, comparer le verbe picard *replonquier* littéralement *replonger*, qui signifie *reteindre.*

NOUIX (monos.) prononcé *noui.* Subst. fém. Forme picarde du français *noix*, du latin *nucem.* Le *oi* picard, il ne faut pas l'oublier, se prononce *oué*, et on dit en général *noué.* Ce *é* est devenu *i* à l'est et au sud-est d'Amiens, dans toutes les localités où la finale wallo-picarde *i* remplace le son *è* en finale. C'est ainsi qu'on dit *mouis*, mois, *crouix*, croix, *fouis*, fois, *douigt*, doigt, etc. Par suite de l'influence du français, un certain nombre de mots font exception à cette règle. Par exemple, on prononce à la française les mots *roi*, *loi*, *foi*, etc. De même pour le nom de la rivière dite la *Noye* et pour les noms de village *Quesnoy*, *Frénoy*, *Warloy*, etc.

Dicton picard :

« Amiénois (Amiénoué)
Maingeus d' noix (noué). »

Ce dicton fait allusion à la prise d'Amiens par les Espagnols en 1597, grâce à des sacs de noix, de pommes, etc.

On verra plus loin que, dans le Vermandois, le *oi* se réduit à *o* et qu'on dit *nox* (no), comme on dit : Il *allot*, alloit, *disot*, disoit, etc.

NOUN EST. Ancienne locution de négation répondant à *ce n'est pas*, *non*, du latin *non est.*

« Per (par) me foy, *nouné* (sic), men père. »
(*Dialogue* de l'année 1649.)

Dans *noun est*, du latin *non est*, le *o* de la négation latine *non* s'est adouci en *ou*, absolument comme dans *nou fait*, de *non factum.*

NOUNOU. Subst. masc. Dénomination du *chat* dans une foule de localités et jusque dans le nord du domaine picard.

Terme enfantin d'origine inconnue, à moins qu'il ne soit un redoublement de la dernière syllabe de *minon* avec le changement de *on* en *ou* déjà plusieurs fois signalé.

NOU dans la locution *nou-point ?* N'est-ce pas? Cette locution est tantôt interrogative, tantôt affirmative, comme on le voit dans les citations suivantes :

« A lé r'voyure (au revoir) ! Os (vous) varez m' vir dimeinche, *nou-point ?* — Sans feute. m's amis. »
(*Pet. Prog.*, 1890, *Amiens.*)

— « Hé, hé ! M'est avis, père Thomas qu'i' pousse, vou (votre) quiot fiu, et qu'i' feudro bientôt foire attention à vou coquelet ! — *Nou-point*, Nanette. Mi, men temps il est fini, mais si men fiu mé resanne, os n' risquez rien ed' bien mucher vous (vos) pouillettes, m' commère.— O' s é muchero, père Thomas. »
(*Ibid.*)

A Villers-Bretonneux et dans plusieurs autres localités, on dit *n'est-point ?* A Bertangles *nou-point* s'est altéré en *du-point ?*

Le *n'est point ?* de Villers-Bretonneux n'est autre chose que le *n'est-ce point ?* du français, avec chute du pronom *ce*. Ce pronom était autrefois *ço*, *çou*, et l'on a dit primitivement : *N'est-çou point. N'est-çou* (en picard *chou*) s'est contracté en *nou* : de là notre locution picarde *nou-point ?*

NOUS. Forme picarde, dans un grand nombre de localités, du pronom possessif pluriel notre : nos. Ainsi on dit : *Nous* camps, nos champs ; *nous* carrues, nos charrues. Cette forme, due à l'adoucissement de *o* en *ou* déjà signalée, existe depuis plusieurs siècles dans nos contrées. Notre compatriote Jacques Lefèvre, d'Etaples, écrivait, dans sa traduction du Nouveau Testament :

« Iceluy a prins sus soy *nous* infirmitez et a porté *nous* maladies. »
(Edit. in-8°, f° XII recto, 1533.)

Nous disons de même *vous* pour *vos*, comme on l'a vu ci-dessus : « *vous* (vos) pouillettes ».

NOUVIAU et *nouvieu*. Adj. Formes picardes du français *nouveau*, du latin *novellus*, diminutif de *novus*.

« Es (les) einteindez-vous canter d' pus (plus) belle à chaque *nouvieu* lapau (lapin) d' tué ? »

(*Chron. pic.*, Amiens, 1889.)

— « L'in disoit.....
Et ein aute : Le viux ne vaut point le *nouviau*. »

(*Suite du Mar. de Jeannin.*)

Les Picards emploient au sens de *nouveau* l'adjectif *neu*, (du latin *novus*), dont ils ont laissé tomber la finale *f*. Ainsi on dit : Un habit *neu*, et, par réduction de *eu* à *u* : Un habit *nu*. La chute de la labiale *f* au masculin n'est pas moderne :

« Une robe do drap doublée de menu vair,
Des biaus patins tout *neus* pour caucher en l'hyver. »

(*Mariage de Jeannin*, XVIIe s.)

NOYE. Nom de la petite rivière qui prend sa source près de Breteuil, passe à Ailly sur-Noye et se jette dans l'Avre à Fouencamps.

Noye vient du bas latin *noda* qui, après la chute du *d* médial, a donné, selon les contrées, *noe*, *noue*, *no*, radical qui abonde dans le vocabulaire géographique de la France. Si l'on en juge par un document ancien, ce radical était *noi* dans nos contrées, puisque le nom de la rivière en question est latinisé en *Noia* dans la charte de fondation de l'abbaye du Paraclet. (V. *Garnier*, *Dictionn. topog.*) Tout près de nous, les Normands ont leurs *noues*, tantôt au sens de *source*, *cours d'eau*, tantôt à celui de *terrain gras et humide*. C'est là probablement le sens qu'avait dans nos contrées le radical qui a donné le diminutif *Noyelle*, dénomination de plusieurs localités de la Somme, du Pas-de-Calais, du Nord, et *Noyal* dans l'Aisne. Il existe en outre dans ce dernier département un cours d'eau nommé *les Noyelles*.

NOYI. Subst. masc. Forme du français *noyer* dans les localités où le son *é* en finale devient *i* :

« Ch'est coume ch'tiû (celui) qui louérot (louerait) un *noyi*
A condition cd' rendre tous ches (années
Ed' l'elles nox (noix) toujours ou *tant* d' grou-(nées. »

(*Crinon*, Sat. XIV.)

NU. Adj. Forme picarde de *neuf*, nouveau, du latin *novus* : il y a eu chute du *f* et réduction de *eu* à *u*. Cette forme est usitée à l'est d'Amiens, dans le Santerre et le Vermandois. Notre poète Crinon écrit :

« . . . . . chell' grosse souillon
Qui crot d'ein crain (cran) réheuchi sen mérite
A chaque fos (fois) qu'alle a quid (quelque) (cose d' *nu*... »

(*Satyre XXV.*)

NUÉ. Adj. Forme picarde du français *noué*, au sens de *rachitique*, en parlant d'un jeune enfant dont la croissance est arrêtée. Cette forme vient, par réduction de *eu* à *u*, du verbe de langue d'oïl *neuer*, nouer.

NUIT. Se prend pour le *soir* dans le Vermandois et le Santerre. Dans ce cas, on le fait masculin et l'on dit : *au nuit*, comme on dit également au masculin : *au vespe*, au soir. Pendant des siècles on a, dans nos contrées, employé le substantif *nuit* pour désigner le *jour précédent*, tout comme on emploie toujours *veille* avec ce dernier sens. Dans mon village et ailleurs, on dit toujours : *l' nuit de l' Toussaint*, *l' veille d' Pâques*, c'est-à-dire le *jour* qui précède la Toussaint, Pâques. Cette habitude remonte assez haut chez nous :

« Le nuit de Noël à l'heure de neuf heures du matin fut publyée la paix... »

(*Journal de dom Robert, d'Arras*, 1482.)

A signaler encore l'expression *par nuit*, pendant la nuit.

NUNNE (neunne), dans la locution adverbiale *nunne part*, nulle part. On dit aussi *nune part*, et par corruption *ninque part*. On rencontre en langue d'oïl et en vieux picard la forme *nun* pour *nul* au masculin :

« Atant (alors) doit estre amour estainte.
Et *nuns* ne s'i doit plus fier. »

(*Romance*, XIIIe s.)

— « I faut que de chela devant qu'aller dodo.
Sains penser à *nun* ma (mal) aveu vous je (devise. »

(*Hist. pl. de la Jal. de Jeannin*, XVIe s.)

Les formes anciennes expliquent parfaitement les formes de notre patois : le masculin *nun* a donné très régulièrement *nunne*, *nune*. A son tour, *nune* a donné dans bien des localités la forme *nènne* (nainne). Ce changement de *u* en *e* nasal se retrouve dans *plemme*, plume, *lenne*, lune, etc.

NUNU. Subst. masc. Chose de rien, bagatelle, un rien. Ce terme a donné, selon les localités, les dérivés *nunotier*, *nunutier*, individu qui s'amuse à des riens, que la moindre chose préoccupe, un peu niais. Au pluriel, il répond à *babioles*, *vétilles* :

« Os (nous) usons no caboche à rien, à des *nunus* ; entonnons l' douleur-lò (c'est-à-dire : buvons un coup) et pis n'en parlons pus. »

(*Les quatre Gardes champêtres*, 1846.)

Dans l'Amiénois et à Amiens même, le peuple exprime son mépris pour des futilités par une phrase quelque peu rabelaisienne que G. Rembault a cru devoir relever : « Ch'est des *nunus*, des pets dans des boites ! »

Nunu répond à *peu de chose* dans la traduction de saint Mathieu par Ed. Paris :

« Son moite (maitre) li o répondu : Boin, pis (et) fidèle dommestique, pache (parce) qu'os (vous) avez 'té (été) fidèle pour un *nunu*, cj' (je) vos placherai dessus grameint (beaucoup) d'affoires. »

Du dérivé *nunotier* s'est formé *gnugnoteries*, synonyme du pluriel *nunus*

Nunu s'emploie aussi dans le nord du domaine picard.

D'après M. Pierre Legrand (*Le Bourgeois de Lille*, 1851), ce mot vient du latin *nugæ*. Je suis de l'avis de cet auteur ; le terme en question paraît en effet formé du redoublement de la première syllabe du mot latin *nugæ*, bagatelles, vétilles.

NUROLE, *nérole* dans le canton de Villers-Bocage, *nourole* autrefois à Amiens. Subst. fém. Sorte de gâteau dont la forme et la composition varient selon les localités et qui est, en général, de médiocre qualité. « A Amiens, dit le Dr Jault dans son édition de Ménage, on appelle *quignet* un gâteau rond qui se fait à Noël et dont les familles se régalent. On en fait un semblable à Pâques, mais alors il se nomme *nourole*. » Roquefort signale en langue d'oïl une forme *norole*, brioche, sorte de pâtisserie.

L'origine de ce mot m'est inconnue.

NUSE. Féminin de l'adjectif *nu* (latin *nudus*). D'une femme qui n'a ni linge, ni habits, les Picards disent : « Alle (elle) est tout *nuse* ». L'addition de *s* au féminin se rencontre dans un certain nombre de mots : *bleuse*, bleue, *rêtuse*, rêtue, *pointuse*, pointue, *bochuse*, bossue, etc.

NUT, prononcé *nu*. Subst. fém. Forme picarde dans le Vermandois du français *nuit*, du latin *noctem*. Notre poète Crinon écrit :

« L'éoût (août), fini, ches longues *nuts* rapassent (reviennent). »

(*Sat. XXIII.*)

O

O. Forme picarde, dans l'Amiénois, le Ponthieu et le Doullennais, du pronom indéfini français *on*, du latin *homo*.

« Comme *o* connoit l'herbe,
O l' met à son doigt. »

Devant une voyelle, les Picards des contrées sus-indiquées ajoutent à ce pronom une sibilante :

« Quand *o-z*-est de l'ieu (voisin de la mer)
O vit de l'ieu ;
Quand *o-z*-est d' bos (voisin d'une forêt)
O vit de bos. »
(*Prov. rec. par Gab. Rambault.*)

Ce proverbe signifie que le voisinage de la mer fait des marins ou des pêcheurs, celui d'une forêt des bûcherons.

La chute du *n* de *on*, dans la forme picarde, n'a rien d'étonnant. Elle est due au principe de moindre action : il est en effet plus facile de dire *o* que de prononcer *on*. Cette chute n'est pas un fait sans analogie. Dans mon village, j'ai entendu cent fois des vieillards dire : « Défunt *mo* père » ; et le français, pour écrire *monsieur*, n'en prononce pas moins *mosieu*.

Dans le Vermandois et le nord du domaine picard, la forme du pronom indéfini dont nous nous occupons est *en*, prononcé *ain* ou *in*, c'est-à-dire à la picarde, comme *men*, mon, *ten*, ton, *sen*, son, c'est-à-dire *min*, *tin*, *sin*.

J'ai dit plus haut que dans bien des localités on dit *nen* (nin), du latin *non*, et l'on sait que *nenny* (ninni) du français, vient du latin *non illud*.

J'ajoute qu'on retrouve *in* pour *on* dans le picard *nen* (nin) *pus*, équivalent du français *non plus*.

Pierre-Louis Gosseu écrit, en parlant de son baudet :

« I n'a pos (pas) de défaut : tout l' monne n' put (peut) pos n'en dire autant... A chà près i gn'o rien à r'dire, si ce n'est qu'il est borgne d'un ziu (œil). Mais chà n' foit mie graind cose, quand qu'*ein* (on) en voit tant qui sont borgnes ed' tous les deux. »
(*Lettres de* 1841, *Saint-Quentin*).

De même dans Crinon :

« Combien qu'*in* vot (on voit) d' nivelets...»
(Satyre VII).

O est aussi la forme picarde du verbe *avoir* à la troisième personne de l'indicatif, au singulier, comme on le voit dans le proverbe suivant :

« Ein homme aro (adroit)
S' sert de ch' qu'il *o*. »

Ce qui signifie : Un bon ouvrier arrive à faire quelque chose même sans être bien outillé.

Aro est ici pour *adrot*, forme picarde de l'adjectif *adroit* dans le Vermandois, où l'on dit : *Un pos*, un pois ; *quéqu' fos*, quelquefois ; *drot*, droit, etc.

O est encore, en Picardie, comme ailleurs, le monosyllabe employé par un conducteur pour obtenir l'arrêt d'un cheval en marche. Il constitue un des commandements des charretiers sur lesquels je suis bien aise de donner mon opinion.

Un homme qui conduit des chevaux est dans la situation d'un caporal qui fait faire l'exercice à des soldats. Le charretier fait avancer, arrêter, aller à droite, à gauche, ses dociles animaux, au moyen de commandements auxquels ils s'habituent facilement, et qui sont à peu près partout les mêmes, ce qui montre qu'ils ont une origine commune. J'ajoute que, comme ceux d'un caporal, ils sont remarquables par leur brièveté.

Voyons maintenant le sens et l'origine des commandements suivants : *i* pour faire avancer, *o* pour faire arrêter, *it* pour faire aller à droite, *guia* (monosyllabique) pour aller à gauche.

Une observation préliminaire est indispensable.

L'histoire et la philologie se prêtent un mutuel secours. Or, l'histoire nous montre que les Gaulois, nos ancêtres, ont, après la conquête romaine, adopté la langue latine à laquelle les invasions franques ajoutèrent un certain nombre de mots d'origine germanique. Du IVe au IXe siècle, c'est-à-dire pendant plus de cinq cents ans, les Gallo-Francs parlèrent la *lingua romana rustica*. Dans cette langue, l'action d'*aller*, *marcher*, *avancer*, s'exprimait par le verbe *ire*, celle d'arrêter par *stare*, droite se disait *dricta*, gauche se disait *galk* : ce dernier mot est d'origine germanique. Inutile d'ajouter que la *lingua romana rustica* était, à cette haute époque, d'un usage général, et que les charretiers la parlaient comme tous les Gallo-Francs. Cela dit, j'arrive aux commandements des charretiers de nos jours.

Pour faire avancer leurs chevaux, les conducteurs crient : *i* ou *u*.

Qu'est-ce que ce cri *i*, qui dans bien des endroits s'est assourdi en *u* ?

C'est purement et simplement l'impératif du verbe latin *ire*, *aller*, *marcher*, et *i* signifie : marche, avance.

Continuons.

Pour arrêter leurs chevaux, les conducteurs crient : *o*, monosyllabe qui, dans leur langage, signifie : arrête.

Qu'est-ce que ce commandement ?

Encore un impératif un peu raccourci pour la brièveté du commandement : c'est l'impératif *sta*, du verbe latin *stare*, qui signifie précisément *s'arrêter*. Le changement de *a* en *o* est régulier et le besoin de brièveté a forcé de laisser tomber les deux premières lettres. Cette chute n'a rien d'étonnant si l'on songe qu'aujourd'hui encore, les conducteurs disent : *cule*, pour recule. Qui n'a entendu des caporaux crier : *ixe* pour *fixe*, et : *arche* pour *marche*. Le commandement : *joue* n'est-il pas pour *en joue ?* Les mêmes nécessités obligent à recourir aux mêmes procédés pour obtenir la brièveté nécessaire, aussi bien dans la direction des chevaux que dans celle des soldats. Passons à un autre commandement.

Dans le langage monosyllabique des charretiers, la locution *tirer à it*, signifie *faire aller à droite*. Qu'est-ce que *it* et d'où vient ce monosyllabe qui, comme le précédent, n'est que le reste d'un mot ? L'expression *à droite* est une abréviation de la locution *à main droite* que les paysans emploient toujours. Dans la *lingua romana rustica* parlée par nos ancêtres du IVe au IXe siècle, *droite* se disait *dricta* dont le *a* final ne se prononçait pas. Les charretiers de cette époque criaient donc quelque chose comme *drict*. Dans la suite, comme *sta*, et pour la même nécessité de brièveté dans le commandement, *drict* a perdu ses deux premières lettres, et s'est réduit à *ict* puis à *it*, dont le *i* s'est, dans certaines localités, assourdi en *u*. J'arrive au dernier commandement.

Pour faire aller leurs chevaux à gauche, les charretiers emploient le monosyllabe *guia* qui est difficile à orthographier, mais qui est bien connu.

Qu'est-ce que *guia ?*

Ce mot-là n'est pas, comme les précédents, d'origine latine. Il se rattache à l'ancien haut allemand *welk*, qui a donné *galk* par changement de *w* en *g* et de *e* en *a*, d'où *gauc*, lequel a donné la forme féminine *gauche*. C'est à la forme primitive *galk* qu'on doit rattacher le commandement monosyllabique *guia*, altération produite par des bouches illettrées. A l'inverse des mots latins, qui ont perdu leurs premières lettres pour conserver les dernières, le mot germanique a perdu les dernières lettres pour conserver les premières, très probablement parce que le *g* dur était fortement aspiré.

OBLIER. Forme picarde du verbe français *oublier*, du latin fictif *oblitare*.

« N'*obliez* point d' li mette sen joco (cache-nez) autour ed' sen co (cou), pa'ce (parce) qué l'air alle est fraique du matan (matin). »
(*Petit Progrès*, Amiens, 1890.)

Cette forme existait en langue d'oïl :

« Geofroiz d'Anjou ne s'est pas *oblié*. »
(*Rone.*, XIIe s.)

OBLOT est, dans Corblet et dans certaines œuvres patoises, une cacographie de *hobeleau*. Prière de se reporter à ce dernier mot.

OCHE. Subst. masc. Forme, dans le nord du domaine picard, du français *os*, du latin *os*.

« Pour vind' des *och's* et des loquettes,
Tu sais bien qu' nou cousin' Sabeth... »
(*Fête d'Arras*, 1864.)

A Lille, les chiffonniers ambulants crient : « *A-z-oches, à-z-oches, v'là l'marchand d'oches.* »

Cette forme n'est pas moderne ; on la rencontre au XIVe siècle dans une Ordonnance de Lille qui défend de porter *coutiaux à croix de fier, de bos ou d'osch.*

Dans la Somme, la forme la plus usitée est *os*, prononcé *o* ; dans les localités assez nombreuses où *o* devient *ou* — mot, *mout* ; pot, *pout*, etc. — on dit *ous*, prononcé *ou*.

Cette forme *ous* sera reprise en son lieu.

ŒFFRIR ou *œuffrir*. Forme, au nord d'Amiens (Villers-Bocage), du verbe français *offrir*, du latin *offerre*. Elle n'est pas moderne. Un Coutumier du XIVe siècle dit qu'on « ne puet retenir le cors (d'un débiteur) s'il *œffre* à faire cession de tous ses biens... »
(*Coût. d'Artois. T. IV.*)

ŒU. Subst. masc. Forme picarde du français *œuf*, du latin *ovum*. Dans mon village et dans bien d'autres, *eu* s'est réduit à *u* comme dans *ju*, jeu, *fu*, feu, etc., et l'on dit *u* : « Un *u*, des *us*. »

Loc. pic. : « Ete su ses *œus* », être dans l'aisance.

ŒUILLÈRE ou *œuière*, *œulière*, *ulière*, sont des variantes d'*alouière*.

Pour le sens de ce mot, dont l'origine m'est inconnue, prière de voir *Alouière*, T. Ier, p. 16.

J'ajoute que l'on prononce *anouillère* en Normandie et *aneuillère* dans le Maine.

Dicton ayant cours dans le canton de Villers-Bocage :

« D'enne fille unique et fière,
D'enne vaque *ulière*,
D'enne fille d' cabaretier,
N' feut point s' carquer. »

ŒUL. Prononciation dans beaucoup de localités du substantif français *œil*, du latin *oculus*. Cette forme est ancienne dans nos contrées :

« Et le mescine (jeune fille)...
Qui avait le poil blondet,
Cler le vis (visage) et l'*œul* vairet... »
(*Aucas. et Nicol.*, XIIIe s.)

En picard actuel, *œul*, *œil*, sont du genre féminin :

« O n' voit point ch'l homme-lò d'*eine belle œul.* »

Dans certaines contrées du sud de l'Artois, on rencontre au singulier *iu*, œil. Une de mes voisines, originaire des environs de Bapaume, dit : « Men-z-*iu* m' fot (fait) du *mau*. »

Il en est de même dans le Vermandois :

« I gn'o rien à r'dire, si ce n'est qu'il est borgne d'un-z-*iu*. »
(*P. L. Gosseu*, Saint-Quentin, 1841.)

Le *eu* du pluriel *yeux* s'est réduit partout à *u* et l'on dit *yux*.

ŒULE. Subst. fém. Forme picarde, dans un grand nombre de localités, du français *huile*, du latin *oleum*. Dans mon village et dans cent autres, on appelle *œule* l'huile à brûler, tandis qu'on dit *huile* en parlant de l'huile à manger.

La forme *œule* est ancienne chez nous :

« Se *œule* trespasse le ville, le muy doit IV deniers de travers. »
(*Droit de tonlieu, Doullens*, 1300.)

« ... à laquelle (maison) sont et appondent deux molins, l'un à blé, l'autre à *œulle*. »
(*Tempor. de l'abb. de Saint-Jean d'Amiens*, 1384.)

Les paysans qualifient *taque d'œule*, tâche d'huile, l'individu qui reste là immobile, silencieux, et dont la présence est importune.

ŒULLE. Ce terme a été relevé par Gab. Rembault dans une localité du canton d'Hornoy, et je l'ai entendu employer dans mon village et ailleurs. Sous le coup d'une violente contrariété et aux approches d'une bouffée de colère, un individu dit : « J' bous comme einn' (une) *œulle.* » *Œulle* signifie ici *marmite* et vient du latin *olla* ; le sens, dans la phrase ci-dessus, est donc figuré. Le *ol* latin est devenu *œu* comme dans *cœup*, coup, de *colpus* qu'on rencontre dans les Lois Barbares. Le latin *olla* avait donné *olle* (marmite) en langue d'oïl. (V. Du Cange, Hippeau.)

ŒUSIEU, en ancien patois *œusiau* Subst. masc. Oiseau. L'abbé Corblet relate, avec *e* initial, une forme *eusieu.*

« L'un disoit : j'ai battu le busson, t'as [l'*œusiau;*
Et ein aute disoit : T'as le vaque et le viau. »
(*Suite du Mar. de Jeannin,* XVIIe s.)

ŒUSON et *éson,* sont des formes picardes du français oison.

OFFRANNE. Subst. fém. Forme picarde, dans mon village et dans d'autres, du français *offrande.* C'est ainsi, de même, qu'on dit *monne,* monde, *granne,* grande, *segonne,* seconde, *blonne,* blonde, etc.

OIGNONNETTE et *ognonnette, ongnonnette.* Subst. fém. Ciboule ; l'*Allium schœnoprasum* de Linné.

OILEU. Subst. masc. Directeur d'un moulin à l'huile. La langue d'oïl avait au même sens la forme *olieur.* (V. Du Cange.) Le radical de ces formes était *oile, oille, olie,* du latin *oleum,* huile.

OIN, mieux *ouin.* Forme picarde de l'adverbe affirmatif français *oui.*

« Voulez-vous nous aidier ? — *Ouin,* dit Nicolos. »
(*Fr. Picard,* Amiens, 1891.)

A Gentelles, on prononce *ouon* (monosyl.)

« Viens-tu ? — *Ouon.* »

Ces formes sont dues à une prononciation nasale du français *oui* dont l'origine est connue.

OINGNON. Subst. masc. *Oignon,* du latin *unionem.*

Cette forme est ancienne dans notre contrée :

« De le navée de fruit, de porions, de *oingnons,* etc., on en doit nient » (rien, sous-entend. : des droits de passage).
(*Tailliar, Rec.*, XIIIe s.)

OIR. Subst. masc. L'*or,* du latin *aurum.* J'ignore si on emploie encore ce substantif, d'où est venu notre dérivé *doirer,* dorer. Il avait cours autrefois à Amiens, où on l'orthographiait comme en langue d'oïl avec un *h* initial :

« Huict houppes de soie garnye de faulx *hoir.* »
(*Inventaire,* 1596.)

OIRAILLE (oè-râ-ïe), à Gentelles *éraille.* Subst. fém. Formes actuelles, selon les localités, du français *oreille.* Elles existaient du reste en vieux picard :

« ..... sus donc, prêtez l'*oiraille.* »
(*Mar. de Jeannin,* XVIIe s.)

Dans mon village et dans d'autres on dit *oirèle* ; à Amiens *oireille* :

« Tu bouch'ros tes *oireilles...* »
(*Coq-à-l'âne nouv.*, p. 4.)

OIRE. Adv. Encore. Ce terme est le produit d'une aphérèse très forte de *encoire.* (V. ce mot.)

OIRÉE et *ourée.* Subst. fém. Ondée, averse, pluie d'orage :

« Enne *oyrée* d'yeue a watè tout no courtil... »
(*Lett. d'un père à son fils, étud. à Amiens,* 1755 circà, MS.)

Pour l'histoire et l'étymologie du mot, se reporter à *Harée* (T. II, p. 60).

OIRMÈLE. Subst. Merle. Aphérèse de *noir-mèle.* (V. ce mot.)

OISIEU, aussi *ésieu* et en vieux picard *oisë* (pour *oisel*). Subst. masc. Oiseau, dont l'étymologie est connue.

OISONNER. Bêtiser. Dérivé de *oison,* lequel, au figuré, signifie *imbécile, sot, bête.* Le diminutif *oison* apparaît déjà au VIIIe siècle, dans les gloses de Cassel, sous la forme « *aucïun* », terme qui se prononçait certainement *ocion*.

OLAQUEU. Subst. masc. Vaurien, mauvais sujet. Corruption de *harlaqueu*. (Voir T. II, p 62.)

« **Ah ! les brigands, les** *olaqueus !* »
(*Fr.-Pic.*, **ann. 1849.**)

OLIETTE. Subst. fém. Graine du pavot blanc cultivé, ainsi nommée parce qu'on en tire de l'huile ; par extension le pavot blanc lui-même. Cette forme est très ancienne chez nous.

« **Linuise (graine de lin), canuise (graine de chanvre),** *oliette*, **se on le vent en le ville, on n'en doit no tonnelieu, nc travers.** ».
(*Cartul. à Doullens*, **1300.**)

Le radical de ce mot est le terme de langue d'oïl *olie* qui signifiait *huile* et venait du latin *oleum*, même sens.

A Rubempré, le *l* est devenu *r* et l'on dit *ouriette*.

OLIVETTES (Danse des). Voici en quoi consiste l'espèce de jeu de société qui reçoit ce nom dans le canton de Villers-Bocage.

On place trois chaises à une certaine distance l'une de l'autre, soit sur une seule ligne, soit en les disposant de manière à former, dans leur ensemble, une sorte de triangle : ⊠ ⊠ ⊠ Une pièce de monnaie est ensuite déposée sur l'un des montants du dossier de chaque chaise. Ceci fait, le jeu commence : chacun des joueurs, à son tour, passe et repasse en dansant entre les chaises, s'efforçant de ne toucher à aucune. Car si le contraire se produit, la pièce de monnaie tombe, ce qui oblige le danseur maladroit à donner un gage. On le voit, ce jeu n'a rien de commun avec la véritable *danse des olivettes*, à laquelle se livrent nos Provençaux après la récolte des olives.

Ironiquement, au figuré, *danser les olivettes* signifie dans l'Amiénois : Passer un mauvais quart d'heure ; être l'objet de mauvais traitements ; et, de plus, dans le canton de Villers-Bocage, ressentir les douleurs ordinaires d'un accouchement prochain.

Cette locution figurée est déjà ancienne :

« **On entendoit ein si gros brait**
Du mitan de l' reulette (ruelle),
Qu' caquein disoit : ch'est ch' pauv' Quinquet
Qui *dans' les olivettes*.
Ein voisin s'écri' :
Ch'est fâcheux por li ;
Feut-i' qu' por si peu de cose... », etc.
(**1780 circà.** *Chans. manuscrite sur François Quinquet.*)

OMAILLE. Subst. fém. Génisse, dans Corblet. Sous la même forme, ce terme existait en langue d'oïl et figure encore dans le dictionnaire de Cotgrave (1611) au sens de bêtes à cornes.

Il vient du pluriel latin *animalia* : de même qu'*anima* a donné en vieux français *alme* (âme), de même *animalia* a donné *almaille* (XIIe s. *Liv. des Rois* I, chap. XIV, § 34) ; puis, — par le changement ordinaire de *al* — en *au* — comme dans *aune* de *alnus*, — une meilleure forme naguère française : *aumailles*.

Au pays de Crinon, où *au* et *o* s'adoucissent en *ou*, l'on dit *oumoile* également au sens propre de génisse et, de plus, au figuré, à celui de jeune fille :

« ..... **d'ein queup, einne fillette d'quinze ans.**
Einn' joune *oumoile* **all' preind ein viux**
[**grand père.** »
(*Sat. XX. Sur le Mariage.*)

Au sujet de la restriction du sens très étendu que comporte le mot latin *animal* au sens spécial de bête à cornes, rappelons que cette restriction singulière apparaît déjà dans la loi salique ; voir notamment le Titre III intitulé *De furtis animalium*, dont tous les articles ont pour objet l'espèce bovine seule.

Aumailles, même comme adjectif, n'est plus aujourd'hui français ; l'Académie l'a exclu définitivement de son dictionnaire : 7e édition.

OMBE. Subst. *masc.* Forme picarde du français *ombre*, du latin *umbra*.

« **Os (nous) nous mettrons où est-che qu' y o du** *l'ombe*.

Nous avons encore les formes *omme* e *oume* :

« **Ches morts, qu'in (on) ploint, vourcim-**
[**requ'menchi ?**

Et voureint-i, si bien qu'i sont ou (au) l'*omme*,
R'v'oir es' roûtir à c' souleil de ch' bas monne
[(monde)? »
(*Crinon*, Sat. XXVII.)

— « Gn (il) y a je n'sais quo qu'in (on) n'sairot
[expliqui
Qui vous attire ou (au) l'*oume* d' vou clouqui.»
(*Id.*, Sat. XXII.)

Les paysans de mon village disent d'un homme qui est décédé : « Il est *au lomme* pour longtemps. »

Dans ce terme, l'article s'est évidemment soudé au substantif; et si quelques auteurs les séparent de nouveau à l'aide de l'apostrophe, c'est uniquement afin de rendre l'expression plus intelligible aux lecteurs

Autre locution figurée : *Mette au lombe*, emprisonner.

OMBELETTE. Subst. fém. Omelette. Cette forme, relevée par un de mes correspondants, est usitée dans plusieurs cantons de l'Artois.

La forme ordinaire et générale est *amelette*, qui est devenue *aimelette* dans le canton de Conty et ailleurs. A Namps-au-Mont, par exemple, on dit en plaisantant : « Einne *aimelette* n'est jumois d' trop remuée : i feut l' batt' vingt-quatre heures pour gangner ein œu. »

« Quoi qu'os allons mainger? Maingeons einne *amelette* au lard. »
(*Fr.-Pic.*, Annuaire 1849.)

Notre forme picarde *amelette* s'employait jadis en français :

« Et illec fut fait essay de certains poysons, qui furent faiz manger au chien de Macé en une fressure de mouton frite et en une *amelette* d'œufs. »
(*Bibl. des Chartes*, xve s.)

Voici sur cette forme l'opinion de Littré :

« *Amelette* donnerait quelque appui à ceux qui y voient un diminutif d'*âme* (l'âme, le dedans d'un œuf). Mais dans le xive siècle on a dit *alumelle* et *alumete* (*Ménagier*, II, 5), à cause que l'*omelette* est plate comme une *alumelle*; c'est là que paraît être l'étymologie, *amelette* étant une corruption d'*alumete* ou *alemete*. Dans tous les cas, *alumelle* et *alumete* sont les formes les plus anciennes. »

Il convient cependant de citer du même ouvrage (*Ménagier*, II, p. 208), l'expression *allumelle d'œufs pochés*, laquelle ne peut évidemment signifier omelette : un plat d'œufs pochés et une omelette sont deux mets distincts.

Je soumets aux étymologistes plus compétents que moi l'hypothèse suivante :

Ce qui caractérise l'*amelette*, c'est qu'elle est faite d'œufs battus et mélangés. *Amelette* serait-il tout simplement *melette*, mélange, c'est-à-dire le diminutif de *mêlé*, dérivé de *mêler*, mélanger, avec prosthèse de *a* comme dans *alumelle*, petite lame de couteau, du latin *lamella*? Le *a* se retrouve encore en prosthèse dans d'autres mots : *amonition*, munition (pain de), *abloc*, bloc, *atuir*, tutoyer, *atremper*, tremper, mouiller; etc. La forme *melette* serait-elle ainsi d'origine picarde?

On peut aussi, à l'appui de mon hypothèse relative au radical, comparer le provençal *meleta*, omelette, dérivé probable du verbe du même patois *mela*, mélanger, mêler.

OMBIEU. Subst. masc. Ce terme désigne dans les environs de Ham, l'ensemble de la *potelure* qui, dans une palissade en bois, garnit l'espace triangulaire compris d'un côté entre le lien et la sole, de l'autre entre ce lien et la sablière. Il désigne aussi chacun des poteaux qui forment cette garniture. Il a, dans mon village et aux environs un synonyme : c'est *anglieu* ou *ainglieu* selon les localités.

La garniture de l'espace sus indiquée se faisant d'ordinaire en bois tendre — tremble, peuplier — appelé en picard *blanc*, je crois que *ombieu* vient de *albellus*, diminutif de *albus*, blanc : c'est l'histoire du mot *aube* (de moulin). Le son *au* rendu par *o* s'est nasalisé, et *el* a donné *ieu*. On rencontre, du reste, *o* pour *au* dans le vieux français et cela précisément dans le mot qui nous occupe. D'Arsy dit : « *Obel*, *obeau*, sapin, auneau, tremble ». Cotgrave donne *obel* au sens de *peuplier blanc*.

L'*anglieu* de mon village, que j'aurais dû placer à son rang, c'est-à-dire à la lettre A, a une autre origine. Son rôle étant de garnir les angles formés d'un côté par la sablière et le lien, de l'autre par ce lien et la sole, c'est un dérivé de *angle* lequel vient du latin *angulus*.

Le terme *ombieu* est, on le voit, relatif

à la qualité inférieure du bois employé dans une partie de la palissade, tandis que *anglieu* tire son nom de la configuration de l'espace triangulaire qu'il garnit.

OMBRI. Subst. masc. *Nombril;* du latin *umbilicus.*

OMIEU. Subst. masc. Forme picarde relevée par Corblet du français *ormeau.* Se dit aussi pour *orme,* d'*ulmus.*

OMIR. Forme picarde dans beaucoup de localités du français *vomir.* Il y a eu chute du *v* initial.

Dérivé : *Omitique* vomitif.

La désinence *ique* au lieu de *if* est probablement due à l'influence du synonyme français *émétique.*

Omir me rappelle une plaisante histoire.

Je dinais un jour chez un de mes parents à l'occasion de la première communion de sa jeune fille. Le grand'père était assis près de moi. Quand on servit au vieillard un potage au vermicelle, il se mit à le remuer avec sa cuiller, puis appelant sa fille : « Baye donc, quiote, dit-il; quoi qu' t'os mis dins tes soupes ? Mais ch'est des vers ! Tire rade m'n assiette: J'*omirois* m'n âme.» *Vomir* a pour type latin *vomere.*

OMOILE dans Corblet, devrait s'orthographier *aumoile,* comme *obieu* devrait s'écrire *aubieu. Omoile,* subst. fém., est une des nombreuses formes picardes du français *armoire,* du latin *armarium* : on la rencontre dans le *Sermon de Messire Grégoire* qui est du XVII° siècle : « Jappons ein peu ed (de) nos e-r'liques : J'avons dins chelle *omoile* ed bos ganne (jaune) l' mitant du Sautier d' David... »

On rencontre aussi la forme *omelle :*

« Ung buffet à deux huissetz; une paire *d'omelles.* »
(*Invent.* à *Amiens,* 1617.)

Je donne encore d'autres formes picardes :

Amaire, amoine, amaile, amoile, ormoile, ormaire, ormaile, armoire, oumoile.

Quelques-unes de ces formes ont donné des diminutifs : *Amairette, amoilette, ormoirette, ormoilette;* termes qui servent aussi à désigner les petites niches ménagées dans le mur de fond des cheminées de village et dans certains murs de clôture, à 1 mètre 30 environ du sol.

ONCHE. Subst. fém. Forme picarde du français *once,* du latin *uncia.* Cette forme est fort ancienne :

« Quant il l'eut dévisée en XII *onches,* il en donna à chascun une *onche.* »
(*St-Brandaines,* XII° s.)

De même à Amiens au XVII° siècle :

« Item quinze *onches* de passement de soye prisé au pris de quinze solz l'*onche.* »
(*Invent.* 1622.)

Le terme *onche* est et restera encore longtemps employé par les paysans et par les classes pauvres des villes.

ONCHETS. Subst. masc. pl. *Jonchets,* fiches longues et menues avec lesquelles les enfants jouent. Il y a eu en picard chute du *j* initial, puisque *jonchet* est un diminutif de *jonc* dont l'origine est le latin *juncus.*

ONCTION et dans mon village *omption.* Subst. fém. Possibilité, facilité, permission, moyen de faire et d'accomplir telle ou telle chose. La locution : « Avoir *onction* ou *omption* » signifie : Avoir ou obtenir le droit, la permission, le moyen, la possibilité de faire quelque chose, et, par extension, réussir, avoir gain de cause.

Onction et *omption* ont bien le même sens. Mais ont-ils une origine différente ou bien l'une des formes n'est-elle qu'une corruption de l'autre ? La première vient-elle du latin *onctionem,* onction ? Comment alors justifier l'extension de sens ? La seconde viendrait-elle de *ademptionem* (enlèvement, obtention, réussite), ayant donné à l'origine *aemption,* puis *omption,* comme *avunculus* a donné *auncle, uoncle,* puis *oncle* ? Peut-on rapporter plutot *omption* au latin *optionem* (choix, faculté de choisir, puis faculté en général, etc.) qui, avec *o* nasalisé, comme dans *ombieu* pour *obieu,* donnerait justement *omption ?* Je me contente, on le voit, de poser des points d'interrogation, en soumettant la question aux hommes plus compétents que moi.

ONDAIN. Subst. masc. Rangée de foin abattu par la faulx. Cette forme relevée par Corblet est une variante de *andain*, pas, enjambée, dout l'origine a été indiquée sous *Ander*, T. Ier, p. 18.

ONGNIEU. Subst. masc. Anneau. Cette forme, relevée par Corblet, est une variante de *agneu*, *amgneu*, *angneu*, du latin *annellus* : le *a* initial est devenu *o* comme dans *ondain* pour *andain*.

ONGUE. Forme picarde du français *ongle*, du latin *ungula*. Ce terme est, selon les localités, masculin ou féminin.

D'un homme qui laisse croître ses ongles outre mesure, on dit qu'*il o des ongues d' beudet*, par analogie avec la corne longue et étroite du pied de l'âne.

ONQUE. Subst. masc. *Oncle*, du latin *avunculus*.

« M's anmis, o (on) f'ro (fera) chaquein ch' qu'o voudro, dit ch' l'*onque*. »
(*Fr.-Pic.* du 20 décembre 1891.)

On sait qu'en picard la dernière syllabe des mots terminés en français par *gle*, *cle*, *ble*, *ple*, perd toujours la consonne médiane *l*.

ONS. Ce mot est une aphérèse de *avons*, du verbe *avoir*. Les paysans disent : « Os *ons* (nous avons) ieu bieu temps hier. » Notre poète Crinon écrit :

« ..... i foulot venne, hélas !...
El (la) thiott' mason equ' nous *ons* foit bâtir.»
(*Sat. XXII.*)

OPIGNION et *opignon*. Subst. fém. Formes picardes du français *opinion*.

ORAINS (orain), relevé par Corblet, signifie *à l'instant*, *de suite*, dans le Boulonnais ; mais, en Artois, il a conservé le sens primitif de *il y a peu de temps* ; *tout à l'heure* se rapportant au passé.

« Os s'enn allons, mes amis,
Avoir cor' pus d' plaisi,
Grament pus qu'*orains*. »
(*Revue des Patois Gallo-Romans.*)

Nous tenons ce mot de la langue d'oïl :

« *Oreinz* aviez la maistrie. »
(*Adam*, XIIe s.)

Notre terme qui était, au XVIe siècle, considéré comme picard, est d'origine latine. Il vient des deux mots *horam*, heure, et *ante*, avant, c'est littéralement : *avant l'heure* (sous-ent. *présente*).

ORDIÈRE. Subst. fém. *Ornière*.

« Tout partout ch'est des treus, d's *ordières*. »
(*Les quatre Gard. champ.*, 1846.)

Cette forme est fort ancienne dans nos contrées :

« Por cheu mist Dieus en l'uel (œil) lumière
K'il menast l'ome droite *ordière* (voie). »
(*Reclus de Molliens*, XIIe s.)

Ordière, on le voit, signifie ici *voie*, *chemin*. On le rencontre au XVe siècle au sens actuel du français *ornière* :

« Lequel vigneron estoit sur un condot (élévation de terrain entre deux sillons) d'une *ourdière* de charrette sur le chemin. »
(*Lett. de gr. dans La Curne*, 1417.)

J'arrive à l'étymologie.

Littré dit : « Picard *ordière*, wallon *ourbîre*, *orbire*, d'*orbitaria*, dérivé non latin de *orbita*, roue de voiture. Entre *orbitaria* et *ornière*, l'intermédiaire est donné par *ourbîre*, puis par *ordière*. »

Orbitaria donne notre forme picarde, par contraction en *orb'taria*, chute du *b* — *ortaria*, — changement de *t* en *d* et de *aria* en *ière*. C'est un dérivé fictif ; mais il a pu exister et nous sommes loin d'avoir tous les mots populaires à l'usage de nos aïeux de l'époque gallo-romaine et gallo-franque. Quant à la forme *ourbîre*, contraction flamande de *ourbière*, elle ne peut, à mon avis du moins, venir de *orbitaria*, parce que, dans la transformation, le *b* tombe comme le *m* dans *ferté* de *firmitatem*, le *v* dans *cité* de *civitatem*, etc. Pour moi, *orbîre* vient du latin *orbis* (orbe, roue), et il a été formé du radical *orbe* absolument comme le français *carrière* de *car* (du latin *carrus*, char), ou comme le picard *potière* de *pot*. La forme française *ornière* me semble avoir la même origine : le *b* du radical *orb* est devenu *n* par une permutation identique à celle qui a donné *m* pour *b* dans *samedi* de *sabbati dies*.

OREILLET. Subst. masc. Oreille de charrue ; ainsi dit par analogie avec l'oreille d'un animal du cheval par exemple. Le vieux français avait, au même sens, un diminutif en *on* et disait *oreillon* (de charrue).

OREMUS. Subst. masc. ou fém., selon les localités. Prière (dans un sens ironique ou satyrique). C'est un synonyme de *paternôte*.

La race picarde, on le sait, aime à parodier certaines cérémonies et certains chants d'église. J'en ai eu ces jours derniers une nouvelle et curieuse preuve. Pour exprimer l'idée : « C'est toujours la même rengaine », un paysan me disait : « *Ch'est té ti, té mi, rogamus des prongnicux.* » Il faisait ainsi allusion à je ne sais quelle litanie dont le refrain, toujours le même, est : « *Te rogamus, audi nos?* »

ORERIES. Subst. fém. pl. Dorures, garnitures et ornements dorés ou en or. Dérivé de *or*, du latin *aurum*.

« J' ravise ein grand bel homme qui avoit ein habit superbe tout milant (brillant) d'*orreries.* »
(*Annuaire d'Abbeville*, 1891.)

ORGEAT, à Sailly-Lorette *orgeot*. Subst. masc. Paille d'orge. Comparez *favat*, tige sèche des fèves, *pesat*, tige sèche des pois, etc.

ORGILLEUX. adj. On le rencontre dans l'expression *blé orgilleux*, blé dans lequel se trouve de l'orge.

Dérivé de *orge* lequel vient du latin *hordeum*.

ORGUEILLEUX. Ce mot m'est inconnu. Je le relève dans Corblet qui écrit : « Déjections de l'enfant nouveau-né », le méconium. Il a été relevé aussi par les Continuateurs de Du Cange, mais à un sens indéfini de *sorte de maladie*. Cet *orgueilleux* n'a aucun rapport avec le nôtre : il signifiait *furoncle*, *orgelet* et on le trouve encore au XVIIe siècle dans Cotgrave.

ORGUILLEUX. Adj. et subst. Forme picarde du français *orgueilleux*, fier, hautain.

« Mes boins amis, ein *orguyeux* (sic) s' foit r'chincher (tromper, refaire) par ech' flatteu. »
(*Ché Renard et pis ch' Corbieu*, dans l'*Almanach de Poche d'Amiens*, 1853.)

Notre forme est fort ancienne :

« Porquei sumes-nos *orguillus*?
(*Adam*, XIIe s.)

Dans certaines localités, le *i* est remplacé par *é* et l'on prononce *or-gué-ieu*.

C'est sans doute par suite de l'influence du français que nos dérivés picards mouillent le *l*; car notre primitif ne le mouille pas, témoin le dicton suivant :

« L'*orgueul*
Casse la gueule. »

qui signifie : « L'orgueil appauvrit les gens en leur faisant dépenser de l'argent inutilement, au lieu de l'employer à se donner une meilleure nourriture. »

L'étymologie du mot *orgueil* est incertaine.

Brachet dit : « Mot d'origine germanique, *orgel*, orgueilleux. »

Littré dit : « *Orgueil* : de l'ancien haut allemand *urguol*, remarquable, insigne ; *urgilo*, orgueilleux, anglo-sax. *orgel*, orgueilleux. L'ancien haut all. se décompose en *ur*, *us*, répondant au latin *ex*, et *guol*, *gil*, *gal* pétulant, luxuriant. »

Le *l* des formes germaniques explique le *l* final du mot *orgueil*. Mais on rencontre souvent en vieux français des formes qui ne l'ont pas : *orguiz*, *orguieus* (dissyllabe), *orgueus*, *orguex*, etc. De même dans plusieurs patois : wallon, *orgou* ; anc. liégeois, *orgowe* ; à Jersey, *orgui*.

Dé là une première difficulté.

Si des formes germaniques, qui sont des adjectifs pris substantivement, on retranche : 1° les désinences *el*, *ol*, *il* ; 2° le préfixe *or*, *ur*, qui d'après Littré, répond au latin *ex*, que reste-t-il pour radical? Une seule lettre, un *g*, ce qui, on l'avouera, est absolument insuffisant.

Donc, en premier lieu, désinence française incertaine ; en second lieu, radical germanique insuffisant ou plutôt faisant défaut.

On me signale un radical *org* dans l'adverbe anglo-saxon *orglic*, orgueilleusement, arrogamment, pris sans doute du néerlandais *hooghelick*, hautement, avec fierté, et dont le radical serait le néerlandais *hoogh*, élevé, haut, au fig. hautain, orgueilleux. Mais il faut admettre que *hoogh* ou plutôt *hooghelick* a dû, en passant du néerlandais dans l'anglo-saxon, recevoir un *r*, comme celui qu'on rencontre dans le français *fronde*, du latin *funda*. L'addition de cette lettre est-elle admissible et avonsnous là enfin le radical qui fait défaut? Ce sont des questions que je pose aux étymologistes plus compétents que moi.

ORIFLAMBE. Subst. fém. Petit drapeau que portent les enfants aux processions qui ont lieu dans les villages. Ce terme n'est autre chose que le *oriflamme* du français avec changement du second *m* en *b*, changement, du reste, que l'on rencontre aussi en langue d'oïl :

« Dunc respondi li conestables,
Qui l'*oriflambe* des Franceis
Portout (portait). . . . . »
(XIIe s. *Chroniq. des D. de Normandie*, I, p. 202.)

ORILLER. Subst. masc. Forme picarde du français *oreiller* qui est un dérivé de *oreille* ; elle est commune au vieux français et à notre dialecte :

« Et puis s'assient à menger,
De l'erbe vert font *oriller*. »
(*Modus*, XIIe s.)

— « Lits (matelas) de bourre, couvertoirs, lincheus et *orillers*.
(*Dial. pic. fl.*, XIVe s.)

Un autre dérivé picard s'employait jadis et s'emploie peut-être encore dans le Beauvaisis, c'était *orillon*. On désignait par là chacune des deux poignées d'un récipient, par exemple celles d'une seille ou d'un vase en terre ; ainsi nommées parce qu'elles étaient faites en forme d'oreilles, ou plutôt placées de chaque côté comme les oreilles.

« Une seille prisée avec les cercles et *orillons*, à soixante sols. »
(*Invent.* à Rederie (Oise), Ann. 1727.)

ORLE. Subst. masc. Terme employé dans l'Aisne au sens de *rideau de terrain*. Ce genre de rideau forme toujours et forcément la bordure d'un champ : de là le nom de *orle* qui lui est donnée dans l'est du domaine picard. *Orle* vient du latin, *orula*, diminutif de *ora*, bord.

ORLOTERIE. Subst. fém. Bijouterie, menus ornements de femme, tels que boucles d'oreilles, bagues, etc. Ce terme collectif est aphérésé de l'ancien *dorelot* français, conservé en picard et qui se trouve à son rang. (V. T. Ier, p. 180.) *Orloterie* se disait autrefois *doreloterie* : il est probable que la dentale initiale est tombée par suite de l'influence du radical français *or*, du latin *aurum*, bien que nous disions encore en picard : du *dor*, pour de l'or.

ORMERLE, dans Corblet, qui donne en outre les formes *eurmerle* et *ermèle*. Nous avons encore d'autres formes : *Ormèle*, *ormeille*, *ourmèle*. Subst. masc. ou fém., selon les localités. *Merle*. Pour l'origine et l'historique, voir *noir-mèle* à son rang.

ORMIEU. Subst. masc. Forme picarde du français *ormeau*. Mais *ormieu* signifie également *orme* :

« Hurousement... y avoit ein *ormieu* pour abriter no (notre) pêqueu (pêcheur). »
(*Fr. Pic.*, Ann. de 1889.)

Ormieu vient du latin *ulmellus*, diminutif de *ulmus*, orme.

C'est du latin *ulmetum*, lieu planté d'ormes, que vient *Hornoy*, en bas latin *Ulmeium*, *Horneium*, dénomination d'un chef-lieu de canton de l'arrondissement d'Amiens.

ORMOIRE. Subst. fém. Forme picarde du français *armoire*, du latin *armarium*. On dit aussi *ormaire*, cacographié *ormère* par Corblet ; *ormaile*, *ermoile*, qui a donné le diminutif *ormoilette* ; *oumoille*, *oumoile*, *omoile*, etc. *Ormoirette*, — autre diminutif, — est le nom donné à la petite niche ménagée dans le mur du fond de la cheminée et à celle qui, dans une muraille séparant deux propriétés, passe pour être un signe de mitoyenneté.

ORSIGNO, *orsignou*, *oursignot* avec *t* final non justifié. Subst. masc. *Rossignol*, du latin *lusciniolus*, forme masculine de *lusciniola*. Les Picards ont laissé tomber, comme en bien des mots, la lettre initiale. L'italien *ussignole*, rossignol, offre la même aphérèse.

ORTEU et *ortieu*. Subst. masc. Orteil et tel autre doigt du pied.

La forme *orteu* est ancienne :

« Et li flors des margerites (*g* dur) qu'ele rompoit as *ortex* de ses piés... »
(*Aucas. et Nicol.*, XIIIe s.)

On sait que *ex* se prononce *eu* : *Diex*, Dieu.

Orteu se rencontre dans la locution picarde : « Ête bien sus ses *orteus* », être solide, bien planté, en parlant d'un homme. On le rencontre aussi, au figuré dans une expression fort curieuse qui a cours dans l'Artois (environs de Saint-Pol). Là on appelle *orteu d' capuchin* ou *d' récollet* les grosses fèves qui se mangent cuites à l'eau et à la croque-au-sel. On les dépouille de leur pellicule à mesure qu'on les mange. La macule de la fève est assimilée à l'ongle du doigt de pied d'un capucin qui marche déchaussé. La fève elle-même, par sa forme et sa couleur, rappelle d'ailleurs ce doigt de pied.

Nous avions dans notre dialecte la forme *ortau* :

« Vos gambes, vos kevilles, vos *ortaus* .. »
(*Dial. pic. flam.* déjà cité.)

Orteu, *ortieu*, *ortau*, viennent du latin *articulus*. La seconde forme se rencontre dans les anciennes lois d'Angleterre qui parlent d'une mutilation ayant amené l'impossibilité de « remuer les *orticux* ». (*The Myrror of Justice, Cap. I.*)

Nous avons en picard au même sens que le primitif *orteu*, les diminutifs *ortelot* et *ortillon* :

« Tous ches d'moiselles i queuchent d' si piots solers qu'i'nn ont leus *ortelots* doreux... »
(*Ann. d'Abbeville*, 1885.)

Dicton picard : « Il aime miux vir vos talons qu' vos *ortillons* », c'est-à-dire : votre présence ne lui est pas agréable.

Ortelot est en usage dans le Ponthieu. *Ortillon* vient probablement d'une forme *ortil* qui avait cours jadis dans le sud du domaine picard, car un auteur originaire de Compiègne écrivait au XIIIe siècle :

« Sur les *ortilz* des piez... ».
(*Marie de France*)

Je ne veux pas oublier que les Picards appellent aussi *ortillons* les doigts des pattes des animaux, la corne des pieds du porc et d'autres bêtes à pieds fourchés.

ORTILLE et, sans *l* mouillé, *ortile*, dans un grand nombre de localités. Subst. fém. Ortie, du latin *urtica*. Corblet dit : « Du roman *ortile* », mais il ne donne — et pour cause — aucune citation à l'appui de son dire. On trouve en vieux français *ourtigue*, *ourtige* et surtout *ortie*, mais nullement *ortile*.

Dérivé : « *Ortiller* (*s'*) », se piquer aux orties.

'OS. Forme picarde aphérésée des pronoms personnels français *nous*, *vous*, placés au commencement d'une phrase, ou après *que* :

« *'Os* irons cacher (chasser) » : nous irons...

« *'Os* varez » : vous viendrez.

« Mi j' dis *qu'os* ne pourrons point. »

La chute de l'initiale n'a pas lieu aux seconds pronoms *nous*, *vous* des verbes pronominaux :

« 'Os *nous* en allons » : nous nous en allons. Toutefois, dans beaucoup de localités des cantons de Bray, Chaulnes, Nesle, les seconds pronoms *nous*, *vous* se réduisent à *s* devant une voyelle :

« 'Os *'s* en allons » : nous *nous* en allons.

— « 'Os *'s* amusez bien » : vous *vous* amusez bien.

Il ne faut pas confondre *os*, pronom, avec *os* ou *oz*, qui sont des cacographies de *o-z* (la sibilante est euphonique), pour *on*, pic. *o*, devant une voyelle :

Prov. pic. : « Comme *os* (corrig. *o-z*) est venu, feut repartir », c'est-à-dire : « On n'emporte rien dans l'autre monde ».

« L'enfant.....
..... avoit si gros brait qu'en l'oyant *oz* (o-z) [eût dit
Qu'il eût jà prèque un en (an). »
(*Hist. de la Jal. de Jeannin.*)

OSCUR. Adj. Forme picarde de l'adjectif français *obscur*, du latin *obscurus*. On dit de même *oscurité*, *oscurchir*. Cette chute du *b* se retrouve en vieux français :

« Sei oyl (yeux) ki *oscur* estoient..... »
(*St-Bernard*, XIIe s.)

— « Suz le degré, en l'*oscurté*..... »
(*Tristan*, XIIe s.)

OSÈLE, à Gentelles *osaille*. Subst. fém. Formes picardes du français *oseille*, d'un type supposé *oxalia*, tiré du latin *oxalis*.

Dans le canton de Roye, d'après Corblet, la racine de patience ou parelle se nomme *oseille de crapaud*. A quelle cause rapporter cette qualification bizarre, qui reparaît encore dans l'expression *pain de crapaud*, champignon ?

OSIÈRE. Subst. fém. *Osier*. Notre forme est fort ancienne :

« Issi (ainsi) sui com l'*osière* franche. »
(*Ruteb*, XIIIe s., p. 26.)

Dans les vieux inventaires ce terme est toujours du genre féminin :

« Une corbeille d'*ozière* avec trois cousteaux... »
(*Amiens*, 1583.)

— « Ung petit chariot d'*osière* servant à coucher enffant. »
(*Ibid.* 1606.)

L'origine du radical (*os*) du mot *osier* est incertaine.

OSON, *ouson*, *éson*, *euson* et aussi *aue*. Subst. masc. Formes picardes, selon les localités, du français *oison*, *oie*. La forme *aue* vient du latin *auca* ; les autres sont des diminutifs dont on retrouve le type dès le VIIIe siècle dans les Gloses de Cassel sous la forme *aucun*, oison.

D'une personne dont l'âge rend la démarche traînante et analogue à celle des oies, dont le croupion touche presque la terre, les Picards disent qu'*alle a l' cul d'oson.*

OSTADE. Subst. fém. Ce terme n'est plus en usage, mais on le rencontre fort souvent dans nos vieux inventaires :

« Cinq pièces de pentes de soye verte avecq ung tour de lit d'*ostade*. »
(*Amiens*, 1626.)

— « Deux cignoirs (tabliers) l'un d'*ostade*, l'aultre de camelot, prisé le tout XXX sols. »
(*Ibid.* 1626.)

— « Item une robbe de demy-*ostade* noire à usaige de femme... »
(*Ibid.* 1539.)

Ostade avait donné un diminutif. On rencontre dans Palsgrave *ostadine*, au sens de *satin de Chypre*.

L'ostade employée dans les derniers temps en Hainaut, a été définie par Hécart comme suit : « Sorte de camelot dans lequel il y avait un fil de soie blanche mêlé à la laine brune qui formait le corps de l'étoffe et qui la rendait assez brillante. »

L'ancienne ostade était un tissu laine et soie qu'on employait en vêtements et surtout en tentures d'ornement. D'après Larousse, sa fabrication a disparu vers la fin du XVIIe siècle.

Ostade est d'origine germanique. Le radical est le vieux néerlandais *osset* que Kilianus donne au sens de *mi-soie*. L'ostade a donc été à l'origine le tissu ou l'étoffe mi-soie. *Osset* donne *ostade* par contraction en *os't* et addition du suffixe *ade*, comme dans *colonnade* de *coton*, *satinade* de *satin*, etc.

OSTAQUE. Subst. masc. Forme picarde du français *obstacle*, du latin *obstaculum*.

OSTINÉ. Adj. et subst. Têtu, entêté, obstiné. De même *ostiner* (*s'*), s'opiniâtrer, s'entêter et *ostination*, obstination. Au XVIe siècle, la bonne prononciation était aussi *ostiné*, etc. (V. *Th. de Bèze*, 1584, p. 72.)

OSTINER, mieux *hostiner*. Tourmenter, impatienter, taquiner. Ce verbe n'a aucun rapport avec le verbe français *obstiner*. Nous sommes ici en présence d'une altération de l'ancien terme de langue d'oïl *hustiner*, harceler, tourmenter, quereller ; terme qui s'est conservé intact dans le patois de Liège au sens de *maltraiter*, rudoyer, brusquer. Ce mot est d'origine germanique ; néerl. *hutsen*, secouer, maltraiter. Le groupe *ts* est devenu chez nous *st* dans le diminutif *hustiner* absolument comme chez les Anglais qui disent *to hustle*, venu sans aucun doute du diminutif néerlandais *hutselen*.

OSTOGRAPHE. Subst. fém. Forme picarde dans beaucoup de localités du français *orthographe*.

« Ign y a des geins qui m' trampill'tent (tourmentent) pour qué j' foiche des tiots lives aveu mes lettes picardes, pour les mette einter (entre) les moains d' leus tiots einfants, et pis qu'i ditent qu' cha 'leu (leur) z-appreindra rod'meint bien l'*ostographe*... »
(*Gossen*, *Saint-Quentin*, 1817.)

Cette altération de *r* en *s* n'a rien d'étonnant si l'on songe qu'à Paris le peuple disait, aux XVIe et XVIIe siècles : *pasole*, parole, *pessonne*, personne, etc. On ne la rencontre pas seulement dans le Vermandois, je l'ai relevée moi-même dans mon village et dans les environs. Je causais dans ces derniers temps avec un cultivateur dont la jeune fille a échoué deux fois à l'examen pour le brevet élémentaire, et je lui disais : « Que lui manque-t-il donc ? — Toujours l'*osthographe.* »

A Gentelles, ce mot s'emploie au sens figuré de *politesse*, *civilité*. J'ai connu là un paysan qui, insulté un jour par un jeune homme en goguette, dit à celui-ci en lui montrant le poing : « Prends warde à ti. Si tu m'écaulles trop m's érailles, j' t'apparai (apprendrai) l'*ostographe* française. »

OTIEU, *otin*, *outieu*, *outiu* ; dans certaines localités *outieun*, dans les environs de Ham *outu*. Formes picardes du français *outil*.

Dans toutes ces formes le *t* est dur.

Comparant l'être humain à un instrument de travail, les Picards disent d'un individu, homme ou femme : « Ch'est un pauvre *outieu* », ou simplement : « Ch'est un *outieu* », c'est-à-dire un lourdaud, un maladroit, un incapable.

Dans le nord du domaine picard (Hainaut), ce terme a le sens de *métier à tisser*. Dans mon village et dans bien d'autres on l'emploie parfois à celui du latin *hasta* dans le vers bien connu :

Noscitur a naso quanta sit hasta *viro*.

Je signale quelques formes :

« Et pis v'là qué ch' chérusien i li fourre que deins s' bouque avec un tiot *autieu* (sic). Bon, qu'i dit, ch'est ein gros deint qui l' fait araibier. »

(*Gosseu, Lettr. pic.*, 1817.)

— « I gn y en avoit ein (au lutrin) qu'avoit ein *otin* foèt tout queminte (comme) eune batte à flayeu (c'était un basson) ; il avoit ses deux mains collées d'sus : d' temps en temps i donnoit ein quiot queup d' doigt... »

(*Dialogue*, Ms de 1755.)

Le vieux picard avait la forme *oustil* :

« Se (si) ung carpentier passe le ville atout (avec) ses *oustieux*, pour tant que les *oustieux* passent six deniers en valeur il doit de chascun *oustil* une obole ; et se il y a une doloire avec lesdits *oustieux*, tous les *oustieulx* ne doivent que une obole. »

(*Cartul. de Moutiens*, 1300.)

On rencontre en dialecte picard la forme *ostil*, employée au XIIe siècle par le Reclus de Moiliens.

Voyons maintenant quelle est l'origine du terme en question.

Un des plus savants hommes du XVIe siècle, Robert Estienne, tire *outil* de l'adjectif latin *utilis*. C'est une erreur. Le *i* de la syllabe *ti* est bref et si nos lointains aïeux avaient transformé *utilis*, ils auraient eu *utle* comme nous avons *noble*, de *nobilis*, *femme*, de *femina*, etc... Diez rapporte *outil* du français à un bas latin *ustellum*, dérivé de *ustare*. Littré y voit le bas latin *usibilia*, ustensile dans un texte du IXe siècle, et il dit : « Au lieu d'*usibilia*, on a probablement dit *usitilia*, d'où *ustil*. »

Les formes picardes *outieu*, *otieu*, semblent tout d'abord donner raison à Diez tirant *outil* de *ustellum*, bien que ce philologue n'explique pas comment le *ellum* latin a pu donner *il*. Mais nous avons dans notre dialecte une forme terminée en *il*. Or le *il* final donne parfois en patois *ieu*, *iu* : fils, *fieu* et *fiu*, sourcil, *sourcieu* et *sourciu*, morfil, *morfu*, etc. Pour ces raisons l'origine indiquée par Littré me semble préférable à celle que donne le philologue allemand.

OU. Forme picarde, dans le Vermandois et la partie qui y confine, de l'article français *au*, contraction de *à le*. Crinon écrit :

« I s'épagnote et s'indort *ou* (au) radous.

(*Sat. VIII.*)

De même à Amiens, au commencement du XVIIe siècle, dans les actes officiels :

« Le mercredy unziesme jour du dict mois de mars *ou* (au) dict an ;... *ou* (au) nom et comme soy portant fort de...

(*Inventaire*, 1615.)

Cette forme est du reste fort ancienne dans notre dialecte : *Le Reclus de Moliens* écrivait au XIIe siècle :

« Rois, toi truis *ou* (trouve au) premier estal (rang). »

Dans les contrées ci-dessus désignées on rencontre *ou* pour *au* en syllabe initiale : *outerge*, auberge ; *oujourd'hui*, aujourd'hui ; *oumône*, aumône, etc.

« ... boire et pis juer à cartes.
Sul'ver ch'tle *ouberge* et louare l' diabe à quate. »

(*Crinon*, Sat. X, *Les Enfants gâtés*.)

On retrouve *ou* pour *au* en syllabe initiale, à Amiens même, par exemple dans *oubier* pour *aubier*.

Dans le Vermandois et le Santerre *au*, dans cette position, devient parfois *eu* : *Seuver*, sauver, etc.

OUBLIR. Forme picarde dans certaines localités du français *oublier*. Là on dit d'une personne qui vient de mourir : « Alle o *oubli* dé r'preindre s'n haleine. »

OU CE et OU CHE. Locution adverbiale répondant simplement à l'adverbe de lieu *où*, du lat. *ubi*, en italien *ove*.

« I gn'o qu'ein banc... juste à l'endroit *oùs ce* (sic. corrig. *où ce qu'o*) -z-est à l'ombe d' ches abes. »

(Le *Franc-Picard*, 15 nov. 1891.)

Il saute aux yeux qu'il y a ici ellipse et que *où ce que* est pour *où est-ce que*...

Je répare ici une omission que j'ai faite à la lettre I. Dans mon village et dans cent autres, *ou* est devenu *ioù* (monos.) :

« *ioù* qu' tu vos ? » Où vas-tu ?

Iouque, ailleurs *ouque*, est pour *où est-che que*. Dans bien des localités, il n'y a pas eu ellipse et on prononce les trois mots : *où est-che*, comme s'ils n'en formaient qu'un seul et l'on dit *ouèche qu' t'iros ?* Où iras-tu ?

OUCHE. Subst. fém. Terre labourée entourée de fossés. Nous tenons ce terme de la langue d'oïl, dans laquelle on le rencontre au sens de *terre* labourable entourée de fossés ou de haies ; jardin, verger, terre adjacente à une habitation.

Ouche vient du bas latin *olca* qu'on rencontre dans Grégoire de Tours. Ce bas latin est probablement d'origine celtique. Diez compare le grec *olax*, *aulax*, sillon ; *olaka*, *aulaka*, soc, qui paraissent être pour *sfaulax*, *sfeulaka*, *sfaulaka* qui seraient les corrélatifs exacts du latin *sulcus*, sillon ; anglo-saxon *sul*, *syl*, *sulh*, *sulub*, charrue et soc.

Ouche subsiste également dans le patois de la Champagne et du centre de la France, au même sens qu'en Picardie.

OUCORE. Forme picarde dans le Vermandois de l'adverbe français *encore*.

« Combien.....
Qui laiss't *oucoire*, in (en) travers leus mi-
[sères,
Vir leu ourgeuil par ches treus d' leus rouil-
[lères ! »

(*Crinon*, Sat. XIV, l'*Orgueil*.)

OUÉROT. Subst. masc. Oiseau de mer de la famille des alques, le guillemot dit à capuchon, la *marbelette* du Boulonnais, le *colymbus troile* de Linnée.

Si cet oiseau est ainsi nommé, c'est parce que son plumage, d'après les naturalistes, varie selon les saisons, il a le même radical que l'adjectif picard *wairon*, *waron* qui se trouve dans la locution *yux* (yeux) *wairons* ou *warons*, yeux dissemblables, offrant des variations très apparentes. Dans ce cas, il faudrait écrire *wairot*, et son radical serait le latin *varius* comme dans le français *vairon*, *vair*, etc.

Le *ouérot* dit *à tête de perroquet* (V. Corblet) est un autre oiseau maritime de la même famille, le *macareux* du français, l'*alca arctica* de Linnée. Il est ainsi désigné à cause de la grosseur démesurée, énorme de son bec.

OUÉTANT, dans Corblet, est une cacographie de l'expression adverbiale *hou étant* qui est placée à son rang (Tome II, p. 85) et qui signifie littéralement *cela étant*.

OUÈTE ! Interjection d'incrédulité.

« Ah ! *Ouète*, sermeint (serment) d'ivrongne. »

(*Mouméints perdus d'un Pic.*, 1892, page 66.)

Synonymes picards : *Ouèche ! ouiche ! ouitche ! ouite ! ouich'te !* qui paraissent tous n'être autre chose que l'adverbe *oui* (*oué* en picard) avec déformation de la finale.

OUGMÉNTER. Forme picarde au pays de Crinon du verbe français *augmenter*.

« Si ch' pain *ougmeinte* ou que ch' commerce i bale... »

(*Sat. XVIII.*)

OUÏE ! (Monosyll.) Interjection de douleur ; en français *aïe !*

OUILLARD dans Marcotte, *oulliard* dans Corblet. Ces deux auteurs écrivent aussi *aroyard*. Subst. masc. Maubèche, oiseau nommé aussi bécasseau canut : c'est la plus grande espèce du genre.

Orthographe incertaine, origine inconnue.

OUILLETTE. Subst. fém. Forme picarde au pays de Crinon du français *œillette* dont l'origine a été indiquée plus haut. (Voir *Oliette*.)

« ..... **Ches ratichous** (sarcleurs d'*oeillettes*,
Chaque jour e-l'vés (levés) bien d'vant ches alouettes (alouettes). »
(*Sat. VIII.*)

OUIN. (Monosyll.) Adverbe d'affirmation. Oui.

Forme due à la prononciation nasale, assez fréquente en picard de la voyelle *i*. Conferez *indinge*, indien, etc.

OURET et *ouret* (dans Corblet). Subst. masc. Courlis, oiseau aquatique, nommé aussi en français *courlieu*. Nos formes picardes paraissent n'être autre chose qu'une aphérèse et une contraction de ce dernier terme.

OUMOILE aux environs de Péronne, et *oumailie* aux environs de Roye. Subst. fém. Génisse. Notre poète Crinon emploie la première forme au sens figuré de *jeune fille*, et critique le *vieux pépère* (vieillard) qui épouse une jeune *oumoile*. Les Picards tiennent ce terme de la langue d'oïl qui désignait sous le nom d'*aumailles* (du latin *animalia*) toutes les bêtes à cornes.

Oumoile est aussi l'une des nombreuses formes picardes du français *armoire*.

OUPIGNER. Penser, croire, admettre comme vrai. On rencontre aussi *ou* initial pour *o* en vieux français :

« **La fausse crédence (créance) des infideles et gentilz qui, par leurs erreurs..., croyent et** *oupinoyent* **pluralité de Dieux...** »
(*Généal. des Dieux*, 1538.)

OURAQUE. Subst. masc. Forme picarde au pays de Crinon du français *oracle* (du latin *oraculum*). Individu qui a la manie de poser et de s'imposer en toute circonstance comme un être supérieur :

« **En fasant l' piaffe, l' fier et pis l'**~~~~*ouraque*,
L'archo qu'in (on) a cinn' pus belle casaque... »
(*Sat. XIV. L'Orgueil.*)

Le changement de *o* en *ou*, en syllabe initiale, est fréquent dans le Vermandois, la partie du Santerre qui y confine et l'Amiénois. Aux exemples que j'en ai donnés on pourra ajouter les suivants : *ourgandie* (organdi), *ourgueil*, *ouriller*, *ouripiau*, *oursigno*, etc., qui n'offrent, en dehors de cette particularité, aucun intérêt.

OUS. Aphérèse des pronoms personnels pluriels *nous*, *vous*. Dans le canton d'Acheux, ces mots sont aspirés et l'on dit *hous* :

« *Hous* (**nous**) **voiroimes un peu, si** *hous* **(vous) leur bailloites (à vos enfants) quéques boines tapes, si i's iroi't (iraient) coire, dans l'hiver, coper...** »
(*Serm. de l'anc. curé d'Arquèves*, 1810.)

La chute d'une consonne initiale et son remplacement par l'aspirée *h* n'est pas un fait isolé. J'ai entendu cent fois : « Je n' *hux* point », je ne veux pas ; « je n' paux point *hemir* », je ne peux pas venir. Dans un grand nombre de localités, *cha*, forme picarde du français *ça*, cela, a perdu le *c* initial, qui est remplacé par l'aspirée *h*, et l'on dit : « *Ha* n'iro point », ça n'ira pas. Par contre, on prononce *vuit*, pour *huit*, à Amiens (V. *Fr.-Pic.*, 12 mars 1893) ; de plus *rissier*, huissier, est généralement usité dans les villages de l'Amiénois.

OUS prononcé *ou*. Subst. masc. Forme picarde, dans un grand nombre de localités, du français *os*, du latin *os*, ossement.

Locution picarde : *Fu d'ous*, feu de la Saint-Jean, littéralement *feu d'os*. On la trouve latinisée dans notre contrée au XVe siècle (avec des éléments grecs) en *pirossium*, feu d'os. (Goss. de Lille.)

Par l'expression *fux d'ous*, nous désignons les feux de joie que les enfants allument la veille de la Saint-Jean dans les rues et sur les places publiques. Ces feux sont ainsi nommés parce que pendant une longue suite de siècles et naguère encore, surtout dans les villages, l'usage, en Picardie, était d'alimenter les feux de joie avec les os d'animaux que l'on avait pu recueillir sur le territoire. On sait qu'au lieu d'être enfouis, comme le prescrivent maintenant les règlements, les corps des bestiaux morts de maladie étaient autrefois transportés sur les jachères où on les abandonnait à la voracité des corbeaux et autres carnassiers. Un auteur picard du XIIe siècle, Nicolas de Moreuil, trésorier de Corbie, nous apprend que l'usage des feux d'ossements était déjà ancien de son temps :

« Por çou (pour cela), dit-il, font encore li enfant le *fu des os* le nuit (veille) de la feste St-Jehan, por çou que si os (ses os) furent ars (brûlés). »

Dom Grenier a tiré d'une charte de 1343 le passage suivant :

« Au devant de le maison des Religieux (de Corbie) le nuict de St Jehan Baptiste, l'an 1342, li dis Religieus, par culx ou leur gens, avoient fait un feu appelé *fu d'os* en l'honneur de M. St Jehan. »

OUSAILLE (prononcé ou-zâ-ïe). Subst. masc. Forme picarde au pays de Crinon du français *oseille* :

« Bell' presse, amon ? ed' couchi sur el' dure.
D' maingi do l' soupe à l'*ousaille* sans burre,
Pour épargni quit' (quelques) sous... »
(*Sat. XIII, Sur l'Avarice.*)

Pour l'étymologie, voir *Osèle*.

OUSOIR. Forme picarde, dans certaines localités, notamment aux environs de Péronne, du verbe français *oser*.

« A chaque pas s'arrêter tout saisi,
Et n' pus (ne plus) *ousoir* hanser quasi. »
(*Crinon, Sat. IX.*)

Le changement de conjugaison s'est opéré aussi dans le nord du domaine picard, où l'on dit *osoir* (V. Hécart). Dans mon village on dit de même *pruvoir*, prouver ; *truvoir*, trouver, etc.

OUTIEU, *outiu*, *outu*. Subst. masc. Outil, instrument quelconque.

Voir à la forme *otieu*.

OUTRANT. Ce terme n'est usité que dans la seule locution : « Ch'est *outrant* », exclamation par laquelle on témoigne que l'on est outré, indigné de telle ou telle action. On prononce *outrant* comme si le *o* était aspiré : « Ch'è outrant ! »

Ce terme est le participe présent inusité en français du verbe *outrer*, outrepasser, excéder.

OUVRAGE est féminin en picard comme il l'était jadis en français.

C'était aussi de la *bonne* ouvrage que les anciens magistrats municipaux d'Amiens recommandaient aux gens de métier de fabriquer. On lit en effet dans l'Ordonnance de l'Echevinage du 13 août 1565 :

« Enjoignons aus dits sayeteurs de faire *bonne ouvrage* audit estat, tant en façon, longueur, etc. »

Nous avons un certain nombre de mots qui, masculins en français, sont féminins en picard : *orage*, *nuage*, *chimetière*, *ongle*, etc. Pour d'autres, c'est le contraire qui a lieu : *Viux bète*, vieille bête ; *grand caneile* (dans mon village), grande canaille ; *dènt*, dent, *prison*, etc.

OUVRIER et *ovrier*. Adj. Ce mot répond au français actuel *ouvrable* : Jour *ouvrier*, jour *ouvrable*. Ce terme s'employait jadis en français :

« Tant jour *ouvrier* que jour de feste. »
(*Corrozet : Blasons domest.*, f° C^{m}, verso. — 1539.)

De même au Dictionnaire de Rob. Estienne, 1549 : « Jour *ouvrier : dies profestus* » (jour ouvrable).

OUVROIR. Subst. masc. Porte d'un buffet de cuisine :

« Une commode (buffet) à quatre *ouvroirs* et cinq tiroirs. »
(*Invent. not. à Aumâtre*, 18 août, 1869.)

Ouvroir est un dérivé de *ouvrir*, comme *tiroir* est un dérivé de *tirer*.

Le verbe *ouvrir* se disait au Xe siècle *obrir* (*Passion du Christ, str.* 81) ; c'est la plus ancienne forme connue en langue d'oïl. Il dérive du latin *aperire*, même sens, avec changement de *a* en *o* comme dans *orteil* de *articulus* [illegible]ns l'ancienne préposition *o* de *ad* ; etc. Comparer l'italien qui possède les deux formes, l'une populaire : *oprire*, ouvrir, l'autre *aprire* ; d'où les mêmes variantes pour les dérivés : *opertura* et *apertura*, *operto* et *aperto* etc.

OVRIR est une autre forme ancienne, maintenue dans le Ponthieu, du verbe français *ouvrir* :

« Ches geins... no' prenoient por des grands personnaches, et pis i' no' b'soient (faisaient) des révérenches à q (*sic.* cul) *overt.* »

(*Annuaire d'Abbeville.* 1888.)

Par la révérence ci-dessus indiquée, on entend une profonde révérence faite en baissant la tête presque au niveau du ventre.

OYER. Ce verbe a été relevé par Corblet au sens de *entendre*. C'est une forme très bizarre, à mon avis du moins, du verbe *ouir*, et qui a pu être amenée par celle de l'ancien subjonctif présent *oye* :

« Qui a oreilles pour ouyr, *oye.* »

(*Le Fèvre, d'Etaples*, St-Mathieu, 1533.)

P

PA'. — Apocope de la préposition *par*, du latin *per*. Elle se produit devant les consonnes suivies d'un *e* muet : ***pa'-d'vant***, par-devant, etc.

« *Pa' l' cor' Biu* ! j'ay fallu (failli), mais vos me pardorez » (pardonnerez).

(1648. *Suite du céléb. Mariage.*)

PACAN — S. m. et adj. Au féminin, la terminaison se forme en *te* : *pacante*, comme *nainte* de nain, *poysante* de paysan.

Pacan signifie en picard : rustaud, lourdaud, mal dégrossi ; par extension : personne gauche, raide, mal élevée, manant.

LOC. PIC. *Marcher pacan*, marcher lourdement. *Parler pacan*, parler très incorrectement ; parler patois.

ETYMOLOG. Il faut éviter d'écrire, comme le font à tort certains auteurs, le mot *pacan* avec un *t* final. En effet et ainsi que l'indiquait dès 1834 J. Hécart, de Valenciennes, ce terme n'est autre que le *patan* des Espagnols, même sens, que les Languedociens, leurs voisins, ont également transformé en *pacan*. (V. BOISSIER DE SAUVAGES, 1785 ; II, p. 121.)

Il convient d'en rapprocher un ancien synonyme français, *pataud* (N. Duez, 1664, et aut.), que le patois champenois a conservé à son premier sens mais en faisant subir au radical la même altération de dentale en gutturale : « *pacaud*, lourdaud, rustre ». (P. TARBÉ). Conférer en outre au sujet de la mutation du *t* en *c* dur, d'autres formes populaires bien connues, par exemple : *picuite*, *arighmétique*, etc., pour pituite, etc. L'ancien français possédait de plus le synonyme *pied-plat* ; mais aujourd'hui ce terme a une signification beaucoup plus injurieuse.

Le *patan* espagnol, à le considérer dans sa forme, représente un simple augmentatif du radical *pata*, pied, patte ; c'est par métaphore qu'il a reçu, comme le *pataud* français d'autrefois, l'acception de lourdaud, rustaud, acception qui, en espagnol, n'est pas nouvelle, puisqu'elle apparaît déjà en 1639 dans le dictionnaire de C. Trognesius : « *Patan*, un pied-plat, un lourdaut ».

Quant à l'ancien sens figuré du composé *pied-plat*, on le trouve encore dans Furetière (1690), auteur qui rend en effet *pied-plat* par « rustre », etc. (T. III, f° M 3, verso.)

PACHARD (Saint-) — S. m. Nom donné dans certains villages de l'Amiénois, (canton de *Villers-Bocage*) à celui qui se masque au carnaval.

La meilleure forme picarde est *Panchard* (*Saint*-), qui sera reprise à son rang.

PACU. — Cet adj., relevé par Corblet, signifierait « grossier, épais », mais cet auteur ne dit pas s'il s'applique aux individus ou aux choses. Dans le premier cas, *pacu* serait-il une altération du nom mythologique *Bacchus*, que l'on prononce indifféremment, dans le Ponthieu, *bacu* et *bacuss* et qui signifie, au figuré, un homme très gros ?

PACUS (on prononce le S), mieux *Pachus*. — S. m. Boutique, magasin. Expression artésienne, également usitée dans le Nord picard.

EXEMPLE :

« D'sus ch' grand-Marqué quelle invention !
A chaqu' *pacus* ch'est ein bâton (mât)
Surmonté d'ein grand écuchon. »

(*Fête d'Arras*, 1829 ; *chans.*, p. 3.)

ETYM. : Ce terme est pur flamand : *pakhuis* (l'*i* reste muet après l'*u*) magasin, boutique. (V. KILIANUS, XVI° s.)

Le composé flamand répond exactement à : *maison* (huis) *aux paquets* (pak).

PA'-DESSUR (pa-d'sur). — S. m. Ce que le marchand en détail ajoute à titre gracieux, en sus de la mesure ou du poids de la marchandise achetée. Une bonne ménagère n'oublie jamais de le réclamer, en disant au vendeur : « Donnez me surtout ein boin *pa'-d'sur !* »

Le vieux français avait au même sens le mot *parensus*. (V. COTGRAVE.)

PADOLE. — Subst. des deux genres. Maladroit, personne inhabile.

EXEMPLE :

« A mesure (parfois) j' sus coire ein molet honteux, — dé m' nature naturelle, — mais je n' sus point ein *padole !* »

(*Annuaire d'Abbeville*, 1891, p. 126.)

En Basse Normandie, on dit : *patole*.

ÉTYM. : L'origine de ce mot est le très vieux français *pade*, devenu *pate*, puis abusivement *patte* dont le type est commun aux plus anciennes langues.

Dans le poème d'Alexandre (XIIe s., p 283), on lit qu'une ourse ayant rencontré une mule,

« De la senestre *pade* li donna tel colée (accolade
Que il li a l'espaule toute de l' bu sevrée (séparée). »

Le suffixe *ole*, dans *padole*, a la même valeur que le suffixe péjoratif *oule*, *oulle*, en d'autres mots.

SYN. PIC : Un *mal-à-pattes*, un *bagnole*, etc.

PAF! — Interjection onomatopéique exprimant le bruit que fait un corps en tombant. L'Académie n'admet au même sens que *pouf!* Mais les Picards possèdent de plus la variante *pif!*

EXEMPLE :

« *Pif! paf!* pouf! patatraque! qu' volez-vous, ch'est mèn goût comme 'ho, d'abattre d's abres. »

(*Elect. des Municipeux... d'Allery*, p. 2, Abbeville, 1871).

Voici un autre exemple de *paf!* employé seul, et emprunté à la fable du Renard et du Corbeau, traduite en picard :

« *Paf!* e-s'marolle all' quiet (tombe) à terre... »

(*Almanach de poche d'Amiens* 1853).

Pif paf et *pouf* sont des formes usitées en ancien français, que les Picards ont conservées.

PAFE. — Adj. des deux genres. Saoul, ivre. Au fig : étonné au point de ne savoir que dire.

DÉRIVÉS : — *Empafer*, *empifer*, v. a. Gorger de nourriture, empiffrer.

Empafé, *empifé*, adj., saturé de nourriture, repu, *empiffré*.

De même en patois namurois :

« A tauv' (table) bi'n *empafé*
Li bia (beau) chamarré comte
Ni tient nin (ne tient pas) sovent compte
Do cia (de celui-là) qu'est *affamé*. »

(*Ch. Wérotte : Chans. wallonnes*, 1850).

ETYM : Ainsi que le démontrent ses dérivés, *pafe* est une variante du français *piffre*. Il y a eu changement de i en *a* comme en bien d'autres mots, par exemple, les doublets français *cliquet*, *claquet*.

Le subst. fr. *piffre* descend non de l'allemand corrompu *pfeifer*, mais du piémontais *pifer*, joueur de flûte, d'où l'ancien français « *pifre* », même sens.

Or, de cette première acception, on est passé facilement, — comme l'ont indiqué Furetière et, après lui le Dr Jault, — au sens figuré de joufflu, replet, et cela par analogie avec les joues du « pifre », qui sont très gonflées lorsqu'il joue de son instrument. Puis, du sens de joufflu, replet, l'on a été naturellement amené à ceux de « goulu, grand mangeur, *ivrogne*, » etc. (1786 P. LEROUX).

Signalons qu'en languedocien, où le mot « pifre » conserve sa primitive signification, s'est de même formée l'expression figurée : « *pifâu*, gros joufflu un gros piffre. » (BOISS. DE SAUVAGES.)

PAFFE, dans Corblet. — S. f. Claque, soufflet.

De même à Liège et à Jersey :

..... j'aim'rais meux, vère (vrai)
Qu'-n-ou m' baill' deux *paffes !....* »

(*Rimes Jersiaises. 1865, p. 86*).

La meilleure forme picarde est *baffe* ou *bafe* qui figure à son rang.

En langue d'oïl on disait au même sens, *buffe*, d'ou *buffier*, souffleter, verbe employé par Le Reclus de Molliens :

Le serve gens......
Le *buffia*, fache coverte,
Et li disoit, genous flékis :
Dieu te saut (sauve), li rois des Juïs.

(*Miserere, str. 75.*)

Pour l'étymologie de *bafe*, voir ce qui a été proposé au t. I., p. 29.

Peut être, cependant, ce mot ne fut-il à l'origine qu une simple onomatopée.

SYN. PIC. *Clique*, claque, soufflet.

PAGE (HARDI) — Effronté. Voir *Hardi page*, à la lettre H, t. II, p. 60.

PAGNAGNA. — S. et adj. des deux genres.

Niais, imbécile; personne aux manières enfantines.

Ex. :

« Oui, *pagnagna.* »

(*G. Baril. Einne partie de Loto. Journal d'Amiens, 6 sept. 1890.*)

SYN. PIC. : *Gnagna*, *Nana*.

L'Etym. du radical est exposée sous le type *Nana*.

Quant au préfixe *pa*, il représente une forme durcie de l'intensitif péjoratif *ba*. (Voir *babaille*, t. I, p. 27) On le rencontre en picard dans *bacauder* (lessiver), *baloufe* et *balife* (grosse lèvre), dans le français *bajoue*, etc.

PAGNE, PANGNE, PEINGNE. — S. f Peine, tourment d'esprit, travail excessif, fatigue, embarras. En Artois et en Basse-Picardie, on dit plus spécialement « *pagne.* »

Ex. :

« Mon Diu ! qu' j'ai d' *pagne* à m'expliquer.

(*Fête d'Arras, 1838, Entret. de Jacqueline.*)

La forme *peingne* est plus près du français moderne, qui vient de *poene*, puis *poine*, du latin *pœna*.

« Veillier, ploreir, *poene*, travels, ahans,
Tout ce covient as (aux) fins amaus sentir,

(*Cit. dans Roquefort*).

PAGNERÈE dans Corblet; *Paignerée*, *Paingnerée*, s. f. — Le contenu d'un panier. Voir l'art. suivant

PAGNIER, PANGNIER, PAINGNIER, PENGNIER, s m. — Panier. Par extension, ruche vide en osier.

Les inventaires anciens et les œuvres patoises modernes donnent toutes ces formes.

Exemp. :

1583 « Ung *pagnier* à bras. »

id. « Deux *pengniers* a bros. »

1670 « Item ung *pangnier*, deux pots. »

(*Inventaires, à Amiens*)

1690 « Dix *pagniers* à ruches, demeurez pour la prisée, faute d'enchérisseur.

(*Vente mobil. à Sentelie.*)

1889 « Mad'langne alle avoit apporté ein *pangaier* qu'airoit pu servir d' couchette à ein einfant d' six mois. »

(*Chroniq. Pic. 20 octobre.*)

1890 « J'étois r'erant; Norine ll'étoit aussi. Os (nous) nous sommes assis d'sus no *pagnier*.

(*Annuaire de la Somme*, p. 236.)

ETYM : *panarium*, au sens particulier de *corbeille à pain*. Ce mot a donné aussi le fém. *panière*, dans le nord picard (V. HÉCART), où, par une anomalie on dit *pagne*, pour pain, de *panis* (ibid).

PAGNON, PAIGNON, PAINGNON, s. m. — Pain rond de moyenne grosseur.

Par analogie, gâteau grossier, d'après Corblet.

Dans la plupart de nos villages, le gardeur des bestiaux de la commune reçoit de chaque habitant qui lui confie ses animaux un *pagnon* de pain ordinaire, pesant un kilo environ, chaque fois que cet habitant cuit au four.

A Bernaville, l'usage veut que, le jour de la Trinité, les cultivateurs des environs viennent en pèlerinage à l'église, munis chacun d'un *pagnon*, qu'ils font toucher à une sculpture sur bois, placée au-dessus de l'autel, et connue sous le nom de « Saint-Sauveur ». Ces *pagnons* sont ensuite donnés aux bestiaux, dans le but de les préserver de toute maladie pendant un an.

(Voir LA PICARDIE, année 1867, p. 94)

Un pèlerinage du même genre a lieu à Monsvillers le 17 janvier, jour de la fête de Saint-Antoine. Mais là, c'est un *coutien*, non pas un *pagnon* que l'on fait toucher à la statue du Saint et surtout à celle de son indispensable compagnon.

De retour chez soi, l'on donne une partie de ces *coutieus* aux porcs; l'autre est réservée comme remède contre leurs maladies possibles. — Les bonnes femmes prétendent que ce pain se conserve un an sans se moisir.

LOC. PIC.: Avoir des mains comme des *paingnons*, les avoir gonflées et rougeâtres, par l'effet d'un grand froid. A Amiens où le *pagnon* n'est guère connu, on dit plutôt: avoir les mains comme des *pains*.

Au fig. les Picards nomment *pagnon*, *paingnon*, la gourde de grès dont se servent les moissonneurs. La forme et la couleur de ces gourdes justifient le nom qu'on leur donne.

« Une écumette (écumoire), une cuillière à pot, un *pagnon de grès*. »

(INV. A POULAINVILLE, 1792).

A ce sens, les syn. picards de *pagnon* sont *crapaud* et *gondole* (voir ce dernier mot, t. II, p. 30).

Dans une autre acception métaphorique et burlesque, le mot *pagnon* signifie, chez l'homme, chacune des parties charnues qui lui sont si utiles pour s'asseoir. Cette acception a cours en Artois et dans le canton de Villers-Bocage (Somme).

Enfin *pagnon* s'emploie, encore au fig., au sens de *lourdaud, balourd*, par comparaison, sans doute, avec la lourdeur et la grossièreté du pain de la campagne :

« Mais v'là bin qu'au liu de m'réponne (répondre)
Ch' *pagnon*, pou' terminer...
M' torn' sin d'rièro...»

(CH. LAMY : *Passe-temps Caimberlot*, 1893, t. III, p. 16.)

La forme avec *n* mouillé (*gn*) est très ancienne ; on la rencontre déjà au treizième siècle au sens de petit pain :

« Aions d'ore en avant *paingnon*,
Poissons de mer, tenres pouchins...

(RENART, IV, p. 42).

PAGNOUF, s.m. — Individu corpulent et de manières communes ; un lourdaud qui fait l'entendu (*Cant. de Villers-Bocage*). Ne pas confondre avec *pignouf*, dont la signification comporte un caractère de mépris spécial. La physionomie des deux termes permet toutefois de leur assigner une origine commune ; mais laquelle ?

PAGOUSSE, s. m. — Ouvrier tuilier. Mot relevé, avec ce sens, par Corblet dans « *Le théâtre français au moyen-âge*, » p. 56, (1839).

Pagousse avait, en vieux picard, une autre signification, celle de compatriote, *pays*, *payse*.

« Que devenra dont (donc) li *pagousse* (payse)
« Me commère dame Maroie ?

(XIIIe siècle, *Li Jus de la Feuillie*, par ADAM DE LA HALLE, d'Arras).

Comment du sens de *compatriote* passer à celui de *garçon tuilier* ? On l'ignore, comme la région de la Picardie où le mot a cours actuellement. — Mais *pagousse*, au sens figuré de *pays*, est évidemment le *pagus* latin, qui a pour sens propre *pays*, canton, bourg, village.

PAÏELLE ou **PAYELLE** (pâ-iêl) et **POYELLE** (poê-iêl), s. f. — Poêle à frire. Un syn. picard, usité au quinzième siècle était *fritoire*.

Dans les inventaires amiénois, la poêle à frire s'appelle *païelle à queue de fer*. Mais le mot *païelle* désigne, là aussi, d'autres ustensiles de ménage, de forme ronde et peu profonds.

Ainsi, au seizième siècle, *une païelle couloire d'airain* est une passoire ; *une païelle à tarte* est une tourtière, en picard une *flannière*, *une paielle bachinoire* est une bassinoire de lit. Mais *une paielle rôtissoire* ou *à rôtir* n'est pas la moderne rôtissoire d'invention beaucoup plus récente. Il faut y voir sans doute une sorte de lèchefrite.

Les formes *paielle*, *payelle*, encore employées concurremment avec *poyelle*, sont fort anciennes.

L'auteur picard des *Miracles de saint Eloi*, poème du treizième siècle, se sert de la première, dans ce passage où il oppose la simplicité du saint, au faste de certains prélats du temps où il écrivait :

« Maint archevesque et vesque sont,
Qui les grans seigneuries ont ;
Et maint prélat..... veulent.....
D'or et d'argent pos (pots) et *païeles*,
Bachins, hanas et escuïeles,
Et de chevaus les soissantaines.....
De che n'avoit li sains hom (Eloi) cure» etc.

On trouve *payelle*, avec *y*, dans les *Dialogues flam.-picards* (quatorzième siècle).

« Pots de cuevre (cuivre), caudrons, *payelles*. »

L'étymologie de *païelle*, connue depuis longtemps, est le latin *patella*, diminutif de *patina*, plat, bassin. Il y a eu chute régulière de la dentale médiane.

PAIGNEAU (cacographié dans les documents PÉGNEAU, etc.) PAIGNEU, PAINEAU, PAINIAU, PAINIEU, PAINNIEU, PAINNIAU et, en francisant, PANNEAU, s. m. — Pièce d'étoffe grossière, housse en cuir, maintenue sur le dos du cheval de trait placé à gauche et destinée au charretier qui s'y assoit en conduisant. De là l'expression *Quevau de paigneau*, ou *de paigneu*, ou *porteur* qui désigne le cheval attelé à gauche et sur lequel monte le charretier. « Le cheval qu'on met de *panneau*, (dit Grévin, de Beauval,) nous l'avons appelé *porteur* » (LE PETIT CULTIVATEUR, AMIENS, 1850, p. 187).

L'expression a également cours dans le nord picard : « *Péniau*, selle de charretier. *Gu'vau de péniau*, cheval de gauche, muni de cette selle. » (GLOSSAIRE MONTOIS par le Dr SIGART).

L'orthographe de ce terme se trouve presque toujours défectueuse dans les anciens textes : « Item un *peigneau*, adjugé six sols » (VENTE A SENTELIE, 1694). — « Dans l'écurie deux juments avec leurs harnois, deux colliers, un vieux *paigneau*, un fourchet à deux dents » (SCELLÉS A CEMPUIS, en Beauvaisis, 1789).

Il en est de même en langue d'oïl, où le mot que nous étudions signifie une pièce d'étoffe recouvrant la selle du cavalier :

« . . . et si, n'avions *péneau* de selle, ne « sengle, ne contresengle, culière, bride, « ne poytral, que tout ne fut rompu et « porry ; ains convenoit le plus (la plupart) « de nous, faire *péneaulx* de vieilz pour- « poins ou de vieilles flossades (couvertu- « res), qui avoir les povoit, *pour mettre* « *dessus nos selles* » (CHRONIQUE DE JEHAN « LE BEL, I, pp. 70 71 14e s.)

« Les chars (viandes) crues il mettent en « tre lour selles et lour *paniaus* ; quant li « sans (sang) en est bien hors, si la man- « juent toute crue. » (13e s. JOINVILLE, éd. de Wailly, p. 208).

« Sellarii vendunt sellas nudas et pictas, « *panellos*... (gloses anciennes de deux mss : « *paneux*, *péniaux* ». L'éditeur Scheler ajoute : « Il s'agit sans doute de couvertures placées sur la selle. »

(J. DE GARLANDE, § 11 13e s.)

ETYM. Toutes ces formes dérivent de *pannellus* pour *pannulus*, diminutif de *pannus*, étoffe quelconque.

PAIGNEAU (PLAT-), *Plat-paigneu*, etc. — S. m. Bât, que l'on nomme aussi en picard, *bâtière*, (autrefois *bastière*), *torque*.

Nos inventaires orthographient de diverses manières cette expression :

« Item un borique (âne) adjugé à cinq livres deux sols ; — Item un *plat-pennieu* au dit borique adjugé à 42 sols. »

(VENTE MOB. A COISY, 1785).

« Item un *plat-péneau*, un basset et une dossière, estimés dix livres. »

(INVENT. A CARDONNETTE. 1785).

« Item un *plat-peigneau*... »

(INVENT. A LA VERRIÈRE, en Beauvaisis, 1731).

Nous trouvons encore un *plat-penniau* à Vaux-en-Amiénois, en 1736 un *plat-penieu* à Coisy, en 1782, et un *plapeniau*, en un seul mot, à Villers-Bocage, en 1716.

Moins l'adj. *plat*, l'expression se rencontre en langue d'oïl au même sens de *bât* et sous la forme *pennel*, dans le *Livre des mêtiers* par Et. BOILEAU (13e s.)

On a aussi écrit *pannel*, d'où la latinisation *pannellum*, bât, relevée par les continuateurs de Du Cange.

L'étymologie du mot est *pannellus*, diminutif du latin *pannus*, étoffe (employée pour couverture).

L'extension de sens à celui de bât s'est produite par métonymie.

PAIGNIER. — Voir *Pagnier*.

PAIGNON. — Voir *Pagnon*.

PAILE (pèl) — S. f. Prononciation du français *paille*, du *palea*, dans une partie du Santerre.

PAILLACHE (pa-iach'). — S. f. Paillasse de lit. De même autrefois :

« Une *paillache*, ung lincheul... »

(AMIENS, 1616).

Sans *l* mouillé on disait aussi *paliache*.

« Une *paliache*, ung lit (matelas) garni de ploume. » (IBID. 1620)

ETYM. : du latin *palea*, paille.

PAILLAGE. — S. m. Garniture en paille d'un siège quelconque ; action de garnir ce siège.

« *Paillage* de chaises en tous genres, fin et demi-fin. »
(ANNONCE dans le *Petit Doullennais*, 11 mars 1893).

L'Académie admet le composé *rempaillage*.

PAILLARD, PAILLEU (pour Pailleur). — S. m. Sobriquets donnés, le premier aux habitants de Saleux, près Amiens, le second à ceux du village voisin : Salouel. — Ici, comme en vieux français, le *paillard* est celui qui couche sur la paille, c'est-à-dire sur une paillasse sans plus. Le *pailleu*, au contraire, est celui qui vend la paille au *paillard*.

Les dictons sur les habitants de Saleux et ceux de Salouel le prouvent :

« De Salouel ches *pailleus*
« Couquent (couchent) ches gueux d' Saleux. »

« Ches glorieux *paillards* de Saleux. »
(ANN. DU FRANC-PICARD, 1851).

parce que les premiers fournissent de la paille aux seconds.

(V. GOZE : Recueil, à la bibl. d'Amiens, in-folio, t. VI, f° 2).

PAILLETTE, s. f. La balle ou pellicule qui enveloppe le grain de blé, de seigle, d'avoine. — SYN PICARD : *Hoton*.

PAILLIÈRE (pâ-ièr'), s. f. Emplacement où l'on accumule les *paillettes*, etc., provenant du *vannage*, dans l'aire de la grange. La langue d'oïl avait *paillier* avec la même acception et avec celle de lieu où l'on range la paille, d'où le bas latin *pailierium* (DU CANGE). Au dernier de ces deux sens, le latin classique avait *palearium*, et le picard a le synon. : *tasserie*.

PAILLIS (pâ-yi), s. m. Bauge ou torchis, sorte de mortier sans chaux, fait d'argile mélangée de *paille* au lieu de bourre, et employé dans les villages pour crépir les parois des constructions en charpente.

« Une maison construite en bois et *paillis* avec soubassement en briques..... sise à Longpré-les-Amiens. » (PROGRÈS DE LA SOMME, 2 novembre 1892, annonce).

SYN. PIC. : *paillotis*, pron. *palotis* dans certains cantons.

Le vieux picard avait *pailleul* et le vieux français *paillœul*, au même sens :

« ... sera tenu de reffaire quelque *pailleul* s'il s'en démolit. (BAIL A VILLERS-BOCAGE, 1643).
« ... rompirent le *paillœul* ou paroit (paroi) auprès d'un huis... » (1451, dans LA CURNE).

DÉRIVÉS : *pailloter*, crépir ; *pailloteur*, plafonneur.

D'autres formes des mêmes mots sont : *pailloler* et *pailloleu*.

L'acte de mariage de « Jean Briquet » le qualifie de « maistre *pailloleur*. » (SAINT-GERMAIN D'AMIENS, novembre 1675).

PAILLON (dans Corblet, *Paillot*) s. m. Coussin ou matelas de *paillettes*, pour les jeunes enfants.

ETYM. : *paille*, avec désinences en *on* ou en *ot*.

PAILLONÉE (pâ-io-né) s m. ou f. selon les localités. Petit trèfle rampant à fleurs blanches, *trifolium album* (LESTIBOUDOIS) ou *repens* (LINNÉE).

L'orthographe de ce mot est incertaine, car le normand a *paynolée* avec le même sens. Aussi vaudrait-il mieux, peut-être, écrire *payonée*, d'autant plus qu'on doit exclure l'idée de *paille* à propos du trèfle blanc.

Voudrait-on, cependant, admettre l'étymologie *papilionem*, d'où toute la classe des plantes papilionacées tire son nom ? Le trèfle en fait partie.

PAILLOTER. Voir *paillis* à propos de ce mot qui lui même a fourni les dérivés :

Paillotage : plafonnage ou crépi grossier.
Pailloteu : plafonneur.

Denis, dit " *ch' paioteu*, " est le nom d'un habitant de Saint Ouen, auteur d'une lettre publiée dans LE PETIT DOULLENNAIS, du 7 octobre 1893.

Cotgrave (1611) a relevé, comme française de son temps, l'expression : « *terre paillotée* c'est-à-dire mélangée de paille.

PAILLOTIS, s. m. Construction en charpente et torchis.

« Te sais bin (bien) que m' demeure
« N'est fait' que d' *paillotis*... »
(CHANTS ET CHANS. POPUL. DU CAMBRAISIS, 2e série, 1868, p. 254).

A Tourcoing, ce mot désigne le chaume de la toiture :

« Vains (dans) l' temps in (on) couvrot les majons (maisons) in (en) *paillotis.* »
(Le Brouttex, 4 mai 1884).

PAIN-de-CRAPEUD (dans Corblet), s. m. Le champignon comestible ou non. Le néerlandais nommait, au 16e siècle, ce cryptogame « *padden-brood* » qui a le même sens. En flamand actuel on l'appelle *pain-du-diable* (Duivels-brood). La mauvaise réputation des champignons, en général, justifie amplement ces dénominations.

Dans le Ponthieu on nomme *pain-d'ainette* ou *pain-pain-d'ainette*, avec réduplication, la *lentille-d'eau* dont les canards sont très friands ; et les botanistes appellent vulgairement *pain-de-pourceau* le cyclamen dont les porcs recherchent la racine ; *pain-de-vache*, l'agaric fauve que les bêtes à cornes mangent volontiers.

Notre expression picarde n'a donc rien d'insolite.

PAIN-de-FROMAGE (canton de Picquigny), et *pain-à-fromage*, (canton de Villers-Bocage), s. m. Les tisseurs à la main et les coupeurs de velours emploient ce terme pour désigner la *crémaillère* de forme circulaire fixée au bout de l'ensuble, (en picard *ancelle*).

Cette partie du métier doit son nom à sa forme qui rappelle vaguement celle d'un fromage de Hollande.

PAIN-FERRÉ, PAIN-PERDU, PAIN CROTTÉ, s. m. Ces trois expressions désignent le pain que l'on a fait frire après l'avoir trempé dans un mélange de jaune d'œuf et de lait, sucré ou salé selon les goûts.

Le composé *pain-ferré* était connu et employé au 15e siècle par les auteurs picards. (V. t. I, p. 140, ligne 1).

PAINCHE, plus généralement **PANCHE,** s. f. Ventre, panse, du lat. *pantices.*

Loc. pic. : *Foire s' painche*, prendre son repas, bien manger.

« I s'rot (serait) surpris, d'ein cœup, sans qu'il [l'atteinche (attende),
Par ein ami qui varot (viendrait) *fouaire s' pain-[che*
Deins ein moumeint qui n'airot rien e-d' prêt... »
(Crinon, Sat. XIX).

Tout foit panche ! — Les bons estomacs savent s'accommoder de tout :

« Sitout qu'all' bout in dit l' soupe alle est cuite.
Feut vir qué soup' ! d' l'ieu à poin' dégourdi'
Pis quid' (quelques) léguème' à moqui' (moitié) [étourdi'
Tout cho (ça) *foat painche,...* »
(Crinon, Sat. VI).

Dériv. : *Tire-painche :* grande peine morale.

Ex. : « Quand os allons à l'enterrement d'ein près parent cha nos fiche tout d' même des rudes *tire-painche*, même qu'os n' povons point nos empêcher d' braire. »
(Contentement de soi-même, par H. Lescot, de Compiègne, 1885, p. 265).

Proverbe picard :

« Du vieux vin da einn' vieill' *panche*
Ch'est ein éteu da einn' vieill' granche. »
(Recueilli à Ennemain par l'abbé De Cagny).

PAINEAU, s. m. Morceau d'étoffe usée dont les campagnards s'enveloppent les pieds en guise de chaussettes. Au fig. : femme malpropre, sans ordre, incapable, une chiffe. Le provençal a *panoucho*, aux deux acceptions sus indiquées. Le vieux français avait *paneau* et *panneau* au sens de *haillon*.

Tous ces termes remontent au latin *pannus*, par un diminutif *pannellus* pour *pannulus*, étoffe, linge, chiffon.

Quant à *Paineau* au sens de housse, voir ci-dessus à *paigneau*.

PAINGNE, s. f. Forme nasalisée et mouillée de *panne*, nom picard d'une sorte de tuile à rebords latéraux, qu'en français du 17e siècle, on appelait tuile flamande ou de Flandre. (Félibien des Avaux : Princip. d'Architect., p. 781. — 1690).

La chose et le nom sont d'origine néerlandaise. — Voir ci-après au mot *panne*.

PAINGNIER, PAINIER, s. m. panier. — Nous avons déjà indiqué la forme *pagnier* — Toutes ces formes sont la conséquence de prononciations locales.

La première existe depuis longtemps à Amiens :

« Une soie (scie), un *paingnier* d'ozier). »
(Invent. 26 Avril 1598).

La seconde a cours dans les environs de Péronne et dans le Ponthieu.

« Ichi j'ai plein d' fruits meürs ein bieu *painier* tout prêt. »

(1re EGLOG. DE VIRGILE, trad. de M. L. CARON, de l'Acad. d'Amiens ; Amiens, 1893).

« All' l'o plachée (l'écharpe) dens sen *pénier* (*sic*) aveuc un morcieu d' lard, sen peigne et pis s' qu'mise... (ANN. D'ABBEVILLE, 1890.)

DÉRIV. : *Painqnerée*, s. f. Panerée, contenu d'un panier.

PAINNÈE (PÈNNÈE en Basse-Picardie ; mieux PANNÈE en picard de la Vallée d'Yères). — S. f. Lambeau, morceau d'étoffe ou d'autre substance, déchiré ou découpé.

Ex. :

« Sara voit d' long (loin) un loup-warou d' tien (chien) èmportant eune *pennèe* (sic) d' viande dins s' guêle (gueule) ! »

(Boulogne-sur-Mer : FARCEUR du 25 février 1893).

« Vo quien (chien) a dechiré enne granne *pannèe* de m' robe. »

(DELBOULLE : *Vallée d'Yères*).

La même expression, adoucie sous la forme *penée*, se trouve dans Corblet. Elle résulte de la chute de l'*a* du radical, comme cela s'est produit dans le français *penaillon*, *dépenaillé*, etc.

Comparer le picard *pannèe* à l'adjectif de langue d'oïl *dépané*, mis en lambeaux. Un auteur du XIIIe siècle, exposant les suites d'une vaste mêlée écrit :

« Là ot (il y eut) maint chevoil (cheveux) trait, mainte barbe tirée, et mainte vesteüre dérote (rompue) et *dépanée*. »

(GODEF. DE BOUILLON ; édit. HIPPEAU, p. 274).

Rapprocher le patois normand *panée* (féminin) « pan d'habit » (H. MOISY), et le patois vosgien *pané* (masculin) « pan de chemise. »

ETYM. : Toutes ces expressions ont pour type commun le latin *pannus*. Vid. sup. *paineau*.

PAIN-N'ÉPICE. — Prononciation du mot français *pain-d'épice*, à Cachy et dans d'autres villages de l'Amiénois. Par suite d'une faiblesse d'articulation, la dentale s'est changée en linguale, comme dans les mots *brandevin*, *pentecôte*, etc., qui deviennent parfois en picard *brainnevin*, *pènnecôute*.

PAINSER (pin-sé) v. a. Forme picarde du français panser, jadis *penser* : soigner, panser.

Ex :

« Ch' laboureu (cultivateur)...
« Taindis qu'i *painse* et munote ses gu'veux (chevaux,
« S' femme, d' sèrant (près de là), all' donne l' paille à s' vaque. »

(CRINON ; Sat. XXVI).

Jusque vers la fin du 17e siècle, la seule forme usitée et la seule bonne fut *penser*. Robert Estienne (1549) dit : « *penser*, curare equum, ægrotum, » soigner un cheval, un malade, d'où le verbe réfléchi *se penser* dans la phrase « *se penser et faire grande chère* : curare se, etc. » (*Ibid.*), prendre grand soin de sa personne, se bien traiter.

On rencontre, dans une chanson du 15e siècle, l'épithète *penseur de chevaux*, employée par dénigrement à l'adresse d'un galant écuyer, au sens que ce dernier mot avait alors.

« Quand je seray... en mes chasteaulx,
« Et vous serez ung *penseur* de chevaulx,
« Et je seray une dame honorée,
« Pour Dieu ne dictes pas que vous m'aïez amée. »

Voici encore le verbe *penser* (panser) dans un couplet où la même « dame honorée » donne la réplique à son admirateur :

« Et vous quoquart,..... marjolet,
« Pas n'estes digne d'estre le mien varlet,
« Pour abreuver ou *penser* m'hacquenée.
« Pour Dieu, ne dictes pas..., etc. »

(G. PARIS : *Chans. du XVe siècle*, pp. 93 et 95).

ETYM. : le verbe *penser*, panser, picard *painser*, est le latin *pensare*, porter son attention sur, observer, examiner avec soin, d'où l'acception française de réfléchir. — Conf. au premier sens, le dér. lat. *pensum* qui a la signification de *soin* dans Tite-Live.

PAIRC et dans Corblet *Perc*, s. m. — Parc, enclos, boisé en tout ou en partie ; entourage de claies dressé en plein champ, pour y mettre coucher les moutons.

La forme *pairc* est à préférer en ce qu'elle s'écarte moins de celle du français ; la seconde, signalée comme ancienne par de Roquefort et Hippeau, se rapproche plutôt du néerlandais *perck*, même sens.

ETYM. : Ce terme a pour type le vieux sax. du littoral « *pearroc*, *pearruc*, » d'où le latin barbare *parcus* (V. SOMNERUS, *Dict.*

saxo-lat.-angl. 1659). L'étymologie qu'indique Somnerus est confirmée par de très anciennes latinisations en *parricus*, etc, parc, relevées dans du Cange. Celle contractée en *parcus* est évidemment postérieure.

Le français *parc* et son diminutif *parquet* reçoivent en Picardie des acceptions particulières qui seront rappelées sous ces mots.

PAIRÉ (cacogr. *peret* dans la citation suivante) **PARÉ**, mieux **PAREL**, adj. et s. m. Pareil, semblable.

Ex. : « No marichau (maréchal) n'o point sèn *péret* (son pareil) pour astiquer l' queue du bidet d' no moire (maire).

(ANN. D'ABBEVILLE, 1870, p. 166).

« ... A forche d' cherchi quoi qu'i faudrot (faudrait) bèn inviuter pour sortir d'ein *parel* état... »

(Le COLPORTEUR DE LA SOMME, 1892, p. 60).

ETYM. *Paré*, *pairé*, sont deux formes apocopées de la troisième : *parel*. Le même fait s'est produit en pic. dans une foule de mots : *wâté* de l'ancien *wastel*, gâteau, *râté* de *rastel*, rateau ; *Miqué* et *Miché* de Michel, etc.

Depuis Ménage, il est admis que *pareil* dérive, non du classique *parilis*, même sens, mais d'un diminutif populaire ou familier *pariculus*, qui a donné l'ital. *parecchio*, comme *œil*, en ital. *occhio*, dérive d'*oculus* ; *vermeil* de *vermiculus* ; *soleil* de *soliculus* ; ce que confirme encore pour ce dernier diminutif l'ital. *solecchio*, soleil faible, pâle.

Loc. PIC. : « Gn'o mie *pairel* à sèn sèmblabe. » Se dit lorsqu'on parle d'un homme qui sort tout à fait de l'ordinaire, d'un animal domestique remarquable par son intelligence, ou d'une chose hors ligue.

PAIRLER, moins bien *Perler*, v. n. Parler.

Ex. — 1649. « Bien, mèn père, je me térai (tairai) ; mais portant (pourtant) j'en vorrois bien *perler*, (il s'agit ici de Mazarin qui était alors à Compiègne avec la Cour), quer (car) i' l' mérite bien ! » (*Dialog. de trois pays. pic.* ; p. 8).

1894. « Feut què j' voiche (que je voie) no moire (maire) et pis què j' li *perle*. »

(*Ann. d'Abbeville*, p. 131).

L'ancienne forme de *parler* était *paroler*.

« Flamainc *parolent* et li auquant (plusieurs) Ainglois. »
(13e siècle. Rom. d'Aubery. Citat. de DU CANGE).

La voyelle médiane *o*, tombée en franç., se maintient en pic. dans l'expression ironique *paroler*, bavarder, et dans le dérivé *parolis*, langage, manière de parler ; facilité d'élocution.

ETYM. connue : le substantif *parole*, d'où l'anc. verbe de langue d'oïl *paroler*, est syncope du latin *parabola*, récit, discours. Les Espagnols en ont tiré par métathèse *palabra*, parole. On trouve en bas-latin de France, au 9e siècle, le verbe *parabolare*, parler « Nostri seniores, sicut audistis, *parabolaverunt* simul, etc. » (*Capitul. de Charles le Chauve*. Citat. de DU CANGE).

PAIROI (pê-roé), s. f. Paroi, face d'un mur ou d'une cloison, (canton de Ham et ailleurs).

LOCUT. PIC. : Monter à *pairoi* ou à *paroi*, rager, s'emporter, se livrer à la colère. Cette locution figurée est due vraisemblablement à une comparaison, déjà ancienne, avec l'état d'animation du soldat qui monte à l'assaut. Autrefois *paroi* s'écrivait mieux avec un *t* final *paroit* et aussi au même sens *pairet* (ROQUEFORT), car il provient de l'anc. lat. *parietem*, mur, cloison. Confér. ital. *pariete* et *parete*, paroi.

PAIRQUEMIN, PERQUEMIN, mieux **PARQUEMIN**, s. m. Parchemin.

Ex. — 1649. Compiègne. « Ch'estoit des Monsieur' qui avoi' des chapeaux qui tréluichoi' (reluisaient) au solé... et avec chela des beaux saulés (souliers) cornus aussi d'lis (fins) que du *perquemin*. » (*Second dialog. des trois pays. pic.*, p. 5).

A Amiens, il existe une rue des *Parcheminiers*, ainsi nommée parce qu'il s'y trouvait jadis des ateliers de parcheminerie. Le Dr Goze en parlant de cette rue ajoute que les « Picards pur-sang du quartier ne l'appellent jamais autrement que rue des *Perquignies*. » (*Rues d'Amiens*, 1854, I, p. 67). Cette dernière forme est évidemment contractée d'une ancienne prononciation *perqueminier* parcheminier.

Le chef d'œuvre que les aspirants à la qualité de maître-parcheminier devaient faire « d'eulx mesmes, » consistait en « demy-douzaine de fronclave (ou fronclane au registre ms., mais il faut corrig. *fronchins*, parchemins de mouton), demy-douzaine de vellin, demy douzaine d'avortins (parchemins de veau mort-né) et demy douzaine de cabris. » (Stat. d'Amiens de 1460, dans A. THIERRY. *Doc. inédits pour servir à l'hist. du Tiers Etat*, t. II, p. 235).

ETYM. : Le mot parchemin rentre dans la classe de ceux dits historiques. Son radical est *Pergame*, nom d'une ville ancienne où la préparation des peaux destinées à recevoir l'écriture fut sinon inventée, du moins perfectionnée. De là le lat. *pergamenum* qui apparaît pour la première fois au 4e siècle, dans saint Jérôme. On en fit en langue d'oïl *pergamin*, *parcamin* et *parkemin*. Cette dernière prononciation fut retenue en Picardie. Un ancien syn. que l'on vient de voir était, chez nous, *fronchin*, (en langue d'oïl *francin*, v. ROQUEFORT). Comme aucun lexique n'en précise la signification, il convient de justifier ici celle que nous avons indiquée plus haut. Deux citations suffiront :

1340. « Gorges, li librairiers, vend pennes d'auwe (plumes d'oies)... et si (aussi) vend *fronchin*, (au texte néerlandais *fransyn*) et parkemin, » (*Dialog. flam.-pic.* ; f° D 3.) ; et cet autre passage : « Des piaus (peaux) de brebis fait-on *fronchin*. » (Ibid. f° B3.)

Ce terme, aujourd'hui inusité, provenait du néerlandais *fransyn*, mieux *francyn*, dans Kilianus : « Membrana *francica* vel *gallica pergamena* ; membrana vervecina. » Ce *francyn* est, on le voit, une expression elliptique répondant à *parchemin français*. Conf., au point de vue de la forme du masc. *francyn*, l'ancien nom féminin *Francine*, Françoise, dans le Suppl. de Roquefort.

PAIRTOUT, adv. Partout. Ordinairement, en pic., on le fait précéder de cet autre adverbe *tout*, pour lui donner plus de force,

« Gn (il) y o des berbis galenses *tout pairtout* » (FR.-PIC. 18 janv. 1893).

En ancien français, on l'écrivait toujours en deux mots, comme le fait l'italien *per totto*, parce qu'il s'est formé des deux éléments lat. : *per* et *totus*.

PAISSEL, POISSÉ, et moins bien **POISSI**, s. m. Ces trois formes d'un même mot sont usitées dans le canton de Villers-Bocage et dans quelques autres où l'on cultive et travaille le lin. Littéralement ce terme répond au français *paisseau*, petit pieu, mais chez nous, il signifie une sorte de poteau où est fixé, à hauteur du bras, un chevalet appelé ailleurs *soutenance*, sur lequel on maintient d'une main la poignée de lin brut que l'on écangue ou *écouche* de l'autre main. Parfois on emploie pour le même usage une simple planche de bois dur, haute d'un mètre et posée debout, qui porte aussi le nom de *poissé*.

ETYM. : le mot *paissel*, première forme du français *paisseau*, vient du latin *paxillus*, petit pieu.

PAIT-I ? — Corruption de la formule interrogative elliptique : *plaît-il ?* par laquelle on prie son interlocuteur de répéter, s'il lui *plaît*, ce qu'il vient de dire.

D'autres formules du même genre, mais plus picardes, sont : *Quemênt* (comment) *qu'os disez ?* ou simplement, par ellipse, *quemênt ? — Qu'est qu' ch'est qu'os disez ? Quoi qu' tu dis ?* etc.

PALANGUE. — (Corblet), s. f. Gaule, long bâton.

DÉR. : *Palanguer*, v. a. — Gauler.

Un poète moraliste picard du XIVe siècle, G. de Guilleville, moine de Chaalis, près Senlis, a employé *palangue* au sens de houssine :

« Mon balay....
« Et mon fourchon et ma *palangue*
« Dont toute ordure je baloie (balaie),
« Je housse, ramonne et nétoie »
(*Pélerinage de l'âme*).

ETYM. : *Palangue* est le lat. *palanga*, fort bâton parfaitement cylindrique : « *Palangæ* dicuntur fustes teretes... » (NONIUS). Mais sa première origine est grecque : *phalangion*, même sens ; c'est pourquoi on le retrouve orthographié en lat. du moyen-âge par *ph* : *phalanga*, fustis » (PAPIAS).

PALANTIN. — S. m. Individu autoritaire et vaniteux.

Syn pic. *Rodophe*, du nom propre Rodolphe.

Palantin s'emploie en outre, comme terme de comparaison :

« Héreux comme ein *palantin* », ce qui répond à cette locution familière, plus ou moins justifiée : heureux comme un roi.

« I' sé r'pose comme ein *palantin* », nonchalamment allongé sur un bon siège ; « I' s' cauffe comme ein *palantin* », bien à l'aise et à la meilleure place devant le foyer.

Toutes ces locutions ont cours dans le canton de Villers-Bocage.

L'on peut considérer comme étant de la même famille, mais offrant une double métathèse, l'expr. pic. usitée ailleurs : *se pantaliser*, se prélasser.

Conf. pour *palantin*, le v. wallon du Brabant *palanter*, se pavaner

(L'abbé M. Renard : *Aventur. de Jean d'Nivelles*, p. 211).

Etym. : *Palantin* est une altération du fr. *paladin* (altéré lui-même de *palatin*), à l'ancien sens figuré de rodomont, fanfaron, (Cotgrave).

PALARIS (canton de Boves), **PA-BALIS** (canton de Villers-Bocage) ; l'*s* se prononce. S. m. — Ces deux formes sont corrompues du fr. panaris. — Inutile de rappeler qu'en général, les noms des maladies subissent les plus bizarres transformations lorsqu'ils sont prononcés par des illettrés. Le mot consacré *panaris* nous en offre lui-même un exemple frappant, car il n'est aussi qu'une corruption produite par la métathèse de *r* et *n*, et le changement de *o* en *a*, du lat *paronychium*, même sens, lequel avait été pris d'un composé grec *paronykion*, tumeur fort douloureuse près de l'ongle. On remarquera la même altération dans l'ital. *panariccio*, aussi *pa-nericcio*, et dans l'espag. *panarizo*, panaris. Enfin et pour mémoire seulement, signalons une latinisation *panaricium*, qui remonte à une époque indéterminée. Elle a été relevée par Du Cange dans un ouvrage *De Virtutibus herbarum*, attribué faussement à Apulée au début du xvi° siècle.

Depuis longtemps déjà le mot savant français est *paronychie*, panaris.

PALARYSIE. — S. f. Métathèse du fr. *paralysie*, dont l'étym. n'a pas besoin d'être rappelée.

Dér. : *Palaryser*, paralyser ; *Palarysé*, adj. paralysé.

PALASINER (Corblet) et **PARÉ-SINER** au pays de Bray (Decorde). V. n. — Trembler des mains par l'effet de l'âge ou de la maladie. — Cette acception est figurée ; au sens propre *palasiner* signifie, comme l'ajoute Corblet, être atteint de paralysie.

Dans le nord du domaine picard (arr. d'Avesnes) on dit, au sens figuré, *avoir le palesin* :

Au r'pos il a l' *pal'zin*,
l' bleff' (bave) chaqu' coup qu'i pale (parle)
Pa'c' qu'i n'a pus qu' trois dints (dents).

(*Arména Berlaimontois* ; 1867, p. 54).

Voir le mot suivant.

PALASINEU (Corblet) adj. et s. m. — Celui dont les mains tremblent sans cesse. Ce terme que l'on trouve écrit *pala-zino* au xi° s (*St Alexis*, str. **111**) signifiait en langue d'oïl un paralytique.

« Grant joie la mère Dieu eut quant ele vëoit, par la vertu son fil (de son fils), les *palasineus* garir, les mésiaus saner, (lépreux redevenir sains), les avules raluiner (revoir la lumière).... »

(*Les XV Joies de N.-Dame*. xiii° S.)

Une autre forme ancienne était *palasinol* (pron. *palasinou*) et par métathèse *pasilinol*, dans saint Bernard :

« Nos gisiens (nous gisions) en nostre leit (lit) ansi cum tuit (tous) *pasilinols* ». Aucun doute ne peut s'élever sur le sens de ce dernier mot, car la version latine porte : Jacent's *paralytici*. (Premier sermon de l'Avent).

Etym. : *Palasiner* et *palasineu* sont des dérivés de *palasin*, terme très ancien qui, précédé ou non du subs. *mau* (mal), signifiait paralysie. L'un de nos vieux poètes picards nous fournira un premier exemple de cette locution :

« Ferir les puist *maus palasins* ;
Car n'est Guis ne Sarrazins
Qui tort vers droit ne soustenissent,
Mais que leurs bourses leur emplisseut. »

(xiii° S. Gaut. de Coinsi. — Cit. de Roquefort.) — Trad. : que la paralysie les puisse frapper, car il n'est Juif ni Sarrazin qui ne soutiennent le tort contre le droit, pourvu que leurs bourses s'emplissent.

Mais, seul, *palasin* avait aussi le même sens :

« Dist tantost (aussitôt) Berthe-au-Court-Talon : Je cuide et croy que pour le *palasin* des rains (paralysie des reins), il se fault garder de couchier à l'envers. »

(*Evang. des Quenouilles*. Edit. Jannet, p. 46.)

L'ancien *palasin* est une altération du lat. *paralysis*, produite par un adoucissement, assez fréquent du reste, de *r* en *l*, chute de la troisième syllabe, et nasalisation de la dernière.

Notons que l'anglais a contracté encore plus le type lat., dont il a fait *palsey*, aujourd'hui *palsy*, paralysie.

En Basse-Picardie, notre verbe *palasiner* s'emploie seulement à la troisième personne du singulier de l'indicatif, et le *p* initial y est adouci en *b* On prononce donc « *i' balasine* », il tremble des mains. Mais, singulière interprétation ! là, on se figure qu'il faut écrire en quatre mots, i' bat l'asine (*asinum*), et cela, parce que celui dont les mains tremblent parait exécuter les mêmes mouvements que ceux d'un tambour qui bat « la peau d'âne » ! (Communication d'un Calaisien).

PALEFERNIER. — S. m. Métathèse du fr. palefrenier. L'on dit aussi en pic. et mieux, *parefernier*, de l'anc. forme fr. *parefrenier*, encore en usage au 17e S. (TROGNESIUS, OUDIN, etc.)

ETYM. : L'anc. *parefrenier* était un dér. de *parafredus* (Loi des Bavarois), celui-ci corrompu de *paraveredus* qui signifie dans le code Théodosien, promulgué en 438, un cheval de course ou de poste, comme le *veredus* classique de Martial. De la forme altérée *parafred'*, la langue d'oïl a fait *palefred* ou *palefreid* (chans. de Roland, v. 479, 756, etc). et au 13e S. *parlefroi* aujourd'hui *palefroi* :

« Fame vialt mialx (vaut mieux) que nul trésor...
Fame vialt mialx en toz endroiz (tout endroit)
Que nus (aucun) destriers ne *parlefroiz*. »

(*Nouveau Dit des Femmes*, pub. par G. RAYNAUD, p. 11).

Dans le dér. *parefrenier*, il y a eu transformation de la dentale faible de *palefred* en *n* ; quant au changement du groupe *ed* en *oi*, conf. les anciens noms *Gotfred* devenu Godefroy ; *Gerbored*, Gerberoy ; *Warled*; Warloy près Corbie, etc.

PALER ou PALLER. — V. n. Parler.

Ex. : 1890. « Disiez-m' donc, José, *pa'let-on* toujours d'ches voleus (voleurs) d' navets da ches camps ? »

(*P. Progrès*, 13 janvier).

1868. — « Tu ne m' *pall'* pont de l' fête d'Arrau.

(*Fête d'Arras* : *Entretien de Chicard*, p. 6)

EXPRESSION PIC. — On dit de celui qui jacasse sans cesse : « *I'pale* comme eine pie borne » (borgne). — (Le *Franc-Picard*, 8 août 1894).

Ces formes ne sont pas des corruptions modernes ; elles existaient en vieux pic. et en langue d'oïl :

« Ha ! je voys (vais) de che pas *paller* à l'official,
Croiant, à bonn escient, qu'i' me sera loyal.... »

(1634. *Enjollem. de Colas*, p. 14).

« Par mautalent (dépit) *palla* à li :
Tu m'as, dist-il, fet grant anui.... »

(13e S. *Marie de France*, II. p. 64: Dou leu é de l'Aigniel).

« Fine amor veut.....
De douz (doux) *paler* estre nourie.
Tenchier affiert (gronder convient) as (aux) mariés. »

(14e S. *Clef d'Amour*. — Edit. TROSS, p. 52)

ETYM. : Voir à *Pairler*, même volume. Citons en terminant cette ancienne locution pic. : *palle, no-z-ami*, tombée sans doute en désuétude ; on la rencontre toujours écrite en un seul mot. Ex. :

« Mais, *pallenozamy*, jamoys ne fus si aise. »

(1634. Enjolem. de Colas, p. 13).

Elle n'a d'autre valeur que celle d'une incise explétive, destinée à fixer l'attention de l'auditeur. Elle répond aux expressions : *parlez* ; *qu'os parlez* ; *os savez* ; etc., que nos illettrés actuels glissent fréquemment et sans utilité au milieu de leurs phrases.

L'élément « *nozamy* » est là pour « *no ami* » notre ami, avec z euphonique, tout comme dans l'anc. français « *nozamy* » où il fut employé ironiquement au sens de benêt, nigaud (V, *Cent nouv. nouv.*, p. p. 101, 105 et *passim*, éd. de 1858).

PALER, v. a. — Enlever avec une pelle ce qui se trouve sur le sol. — V. plus loin *Paller*, même sens, aussi *Palot* et leurs dérivés.

PALETIEU, s. m. — Paletot.

« Quoi qu' ch' est qu' nous dirons d'ches jon's [gèns
« Portant capiau boule
« Comm' des d'mi-chitroule',
« Et des *pal'tieus* qui sont si longs
« Que ch'l habit de ch' pèr' Bénoiton »

(Fête d'Arras ; *Entret. de Jacqueline* 1879)

Conférer pour le changement de *ot* en *ieu*, les formes picardes *gasiot* et *gasieu*, gosier :

« O voiro (on verra). . . . .
« E-ch' Parthe dins la Somme abruvi sen *gàsieu*»

(Virgile : *Eglog. I*, trad. L. Caron, Amiens 1893, p. 4.)

Syn. : *Partot* ou *Paretot*.

Relevons en passant que l'on nomme en picard (cant. de Picquigny) *partot* et, à la française, *paletot de laine* toute la toison coupée d'un mouton. On l'appelait *viaure* en vieux picard.

Etym. : Le français *paletot*, pic. *paletieu* et *partot*, est une alteration de l'ancien *palletoc*, beaucoup mieux « *palthoc* » dans Cotgrave, où il a le sens de longue et grossière pelisse ou surtout à larges manches. Ce terme provenait du néerlandais perdu « *palt-rock* », littéralement *vêtement de dessus* ; il y a eu permutation de R en aspirée, comme en d'autres cas, par ex. : all. *hief* pour *ruf*, cri, appel. (*V. Étude sur les consonnes*, par M. H. Daussy, 1895, n° 191). *Palthoc* offre donc un adoucissement de *palt-rock*.

L'élément *rock* signifie *sagum*, *tunica*, et *palt*, (dans Kilianus) *crustum*, pris au sens figuré de *crusta*, chose qui en couvre une autre ; d'où le composé primitif néerlandais « *palt-rock* : *palla* ; gall. *palletoc* ». (Kilianus). Idem dans Plantinus (1573) : « Een *paltrock* : un *palletoc* ; palla. » Mais déjà à cette époque la forme *paletot* qui a prévalu, avait cours : « *Palla* : un *paletot* ». (Hadr. Junius : *Nomenclator*, 1567, p. 189)

C'est du reste à la même idée originaire que se rapporte le subst. fr. tout moderne *pardessus* ; *pelure* en langage populaire.

PALIS (Pa-li), s. m. — Ce mot figure à tort, dans Corblet, aux deux sens de palissade et de pieu, puisque ces acceptions sont celles qu'il reçoit en français. Mais dans le canton de Conty, par analogie avec une palissade, on nomme *palis* une sorte de cloison mobile à claire-voie, qui s'ajoute à volonté soit sur le devant, soit à l'arrière des chariots ou de certaines charrettes.

En d'autres cantons, elle est nommée *guimbarde*. — Voir à ce dernier mot, où (par parenthèse) il faut lire à la 3e ligne, même *largeur*, au lieu de, même *longueur*.

Etym. : A l'origine *palis* signifiait non pas un pieu, mais uniquement une ligne de pieus dressés en *palissade*.

« Par une nuit, quand me issi (quand je sortis),
« Il leva sus, si me siúvi (suivit).
« Il out négez (il avait neigé) si me trazat (se mit [sur mes traces)
« Al *paliz* vint, utre passat (il passa outre) ;
« E lendemain vus encusat (accusa).

(Tristan II, 124 ; xiie siècle.)

Un pieu se disait simplement, sans suffixe, *pal* ou *pel*, et aussi, en vocalisant, *pau* et *peu*. C'est de cette dernière forme que *pieu* s'est produit.

Le radical *pal* appartenant au même sens à toutes les anciennes langues du Nord (V. H. Meidinger), il est peu probable que le français l'ait emprunté du latin *palus*.

A l'égard de *is*, suffixe qui apparaît en d'autres mots comportant également l'idée de réunion de choses de même nature, comme *gaulis*, *taillis*, *lacis*, *treillis*, *pilotis*, etc., son origine reste obscure. L'on veut, depuis Ménage, que *palis*, palissade, vienne du b.-lat. *palicium*, même sens, mais c'est le contraire qui eut lieu : cet auteur n'avait pas remarqué que *palicium*, *palitium* et autres syn. fantaisistes tels que *pallatium*, *palliciatum*, relevés par Du Cange, sont postérieurs au 12e siècle. On sait, au surplus, que les termes du b.-lat. ne représentent en général que des expressions populaires journellement employées, auxquelles les rédacteurs des chartes se bornaient à donner un masque latin.

PALLÈE ou **PALÈE** (pâ-lè), s. f. — Une pellée, pelletée, ou pellerée.

En langue d'oïl *pelle* se disait *palle* (Hippeau) et aussi *pale*, du lat. : *pala*; d'où *palée*, pellée, encore dans Cotgrave (1611), et maintenu en picard.

PALLER, v. a. — Nettoyer avec la pelle un endroit quelconque. A Villers-Bocage on francise en prononçant *peller* : « Cour bien *pellée* » (1875).

PALLETTE, s. f. — Petite pelle, spécialement celle offrant la forme d'un cuilleron et servant à prendre un peu de braise pour allumer la pipe.

Dans nos anciens inventaires ce terme figure souvent parmi ceux des ustensiles ordinaires qui garnissent le foyer. Du reste il était autrefois français, et Cotgrave l'a relevé sous la même forme et au même sens de petite pelle.

Les Picards du littoral donnent le nom de *pallette* ou *palette* au palmipède appelé *spatule*, à cause de la forme de son bec allongé, aplati, et très large à l'extrémité ; forme qui rappelle en effet celle d'une *palette*.

V. plus loin *palot* et ses dérivés.

PALLIOT, s. m. inusité. — A Amiens l'on entendait par ce mot une sorte de tapis de parade pour buffets et tables. Il était fait d'une étoffe quelconque avec ou sans garniture. — Comme cette signification ne figure dans aucun lexique, il convient de la justifier au moyen de citations tirées de nos inventaires :

« Ung petit *palliot* de sarge, vert, servant à mettre sur le buffet, à frinches (franges) (janv. 1576). »

« Ung *palliot* de table. » (oct. 1596). Il y en avait, naturellement, de plus ou moins grands :

« Ung *palliot* de jaune, vert, rouge, et pers, contenant deux aulnes de long et une aulne et demye de large. » (janv. 1557).

« Ung *palliot* de tapisserie servant à mettre sur le buffet. » (nov. 1575).

« Ung *palliot* fachon de Beauvois. » (oct. 1575).

Il s'en faisait en camelot, en drap, etc. Le *palliot* était parfois nommé simplement tapis : « Ung *tappis de buffet* brodé de soie » (mars 1615).

On l'appelait aussi *paroir*, comme il sera dit en son lieu, — parce qu'il servait uniquement à parer.

Etym. : *Palliot* est de la même famille que le verbe français *pallier*, du lat. *palliare* couvrir, dérivé du type *pallium*, couverture et manteau.

PALMART, s. m. — L'on appelait ainsi par corruption à Amiens, sous Louis XIII, le jeu de boule nommé correctement *pallemaille* dans Brantôme (Ed. Buchon I, 569), *paillemaille* et *palemail* dans Cotgrave. Il n'est resté de cette dernière forme, en français moderne, que le second élément : *mail*. *Palmart* se lit dans nos anciens inventaires : « Anthoine Caignart demeurant au *palmart* proche de la porte de Paris. » (Amiens, déc 1619); on disait aussi « *pallemart* » (ibid.) et « *parmail* ». C'est évidemment du lieu affecté primitivement à cette sorte de jeu, à Amiens, que l'un de nos boulevards qui s'étend de la rue Porte-Paris à la place Longueville a retenu le nom de boulevard du *Mail*.

Etym. : L'ancien terme *pallemaille*, encore inconnu en France au temps de Rabelais, fut pris tout fait, un peu plus tard, de l'Ital. *pallamaglio*, mot composé des éléments : *palla*, boule, et *maglio* (mâ-ïo) maillet, servant à frapper la boule ; d'où une première forme — de celles dites savantes, — « *palemaigle* », que H. Estienne emploie dans son ouvrage « *La Précellence du langage françois* » paru en 1579 ; (V. Edit. de L. Feugère p. 140). Il est certain que, sous cette forme, le terme nouvellement emprunté conservait néanmoins sa prononciation italienne, comme le prouve la seconde orthographe *pallemaille*. Sur ce point l'on peut aussi comparer *Broglie*, nom d'une illustre famille française, originaire d'Italie, lequel, malgré sa forme, conserve en France la prononciation, *Brò-ïe*.

Brantôme nous apprend (loc. cit.) que Charles IX — fils d'une Italienne, la trop célèbre Catherine de Médicis, — s'exerçait souvent au jeu du « *pallemaille* ». Aussi, sous l'influence de ce patronage, la haute société s'éprit-elle de ce genre de distraction, qui était encore en grand honneur sous Louis XV. A cette époque certains amateurs sacrifiaient même de fortes sommes au jeu du mail, notamment lorsqu'il s'agissait de se procurer une boule offrant, à un degré supérieur, les qualités requises. On cite l'un d'eux, le Président de Lamanon qui possédait une boule en buis si parfaite, et avec laquelle il obtenait de si merveilleux résultats, que « plusieurs fois il en refusa cent pistoles », somme fabuleuse pour le temps, puisqu'elle répond à plus de quatre mille francs de nos jours. (V. *Académ. des jeux*, 1739 p. 538).

Comp. enfin notre anc. *palmart* au languedoc. "*palamar*, jeu de mail". (L. BOUCOIRAN : 1884, p. 994.)

PALOT (Corblet) ou **PALLOT**, aussi **PALOUT**, en diverses localités, s. m. — Grande pelle en bois (à Villers-Bocage 1874). Ailleurs c'est une petite pelle creuse, en bois, dont les bateliers se servent pour enlever l'eau entrée dans le bateau, — (à ce sens on l'appelle aussi *épuchette* dans le Ponthieu,) — ou pour le diriger.

A Amiens, les « hortillons » se servent d'un instrument spécial, — sorte de pelle de bois très creuse et fort longue, — qu'ils appellent *palot*, pour puiser l'eau dans les canaux qui sillonnent leurs « aires » et la lancer sur les légumes afin de les arroser.

DÉRIV. : *Paloter*, v. a. — Se servir du *palot*.

Palotage, s. m. — Action de *paloter* et son effet.

Palotures, s. f. pl. — Les choses qu'on assemble ou que l'on enlève en *palotant*.

Le mot *pallot* apparaît à Amiens dans les inventaires, au sens de grande pelle en fer avec laquelle on enlève du four la cendre chaude avant d'enfourner le pain. « Item deux pelles, ung fourgon, ung *pallot* de fer » (Aout 1624).

Palot signifie de plus, en Basse-Picardie, — et comme en langue d'oïl (DuCange), — une bêche ou *louchet*, parceque cet instrument offre l'aspect d'une pelle et peut au besoin la remplacer.

EX. : « Il auroit bèn (bien) fouillé l' terre tout d' suite, mais i n'avoit point d' *palot* » (FARCEUR *de Boulogne-s.-M.*, 15 avril 1893).

De là des dérivés semblables aux précédents quant à la forme :

Paloter, v. a. — Pratiquer à la bêche des rigoles dans un champ pour faciliter l'écoulement des eaux pluviales.

Palotage, s. m. — Etablissement de ces rigoles (Le Préfet DIEUDONNÉ : *Statistique du Nord*, I., pp. 353, 354).

PALOT ou **PALLOT**, s. m. — Spatule blanche ; palmipède nommé en ancien français une *pale* (V. Nicod. 1614), littéralement *pelle*, ou encore : *trulle* (truelle), *cuiller* (cuillère), *bec-à-cuillier*. Il est remarquable que cette dernière expression se retrouve dans l'anglais moderne *spoonbill* (bec-cuillère), tandis que c'était simplement *shovel* (pelle) en ancien anglais.

Les Picards du littoral appellent aujourd'hui la spatule blanche, non plus *palot*, mais *palotier* (MARCOTTE, *Anim vertéb. de l'arrondissement d'Abbeville*) et *pallette* (V. ce dernier mot).

Rappelons qu'à Amiens, parmi les oiseaux plus ou moins estimés pour la table, ou plus ou moins rares, que l'échevinage avait coutume d'offrir aux rois et aux nouveaux gouverneurs de la province, l'on voyait figurer des « *pallots* », des chignes et chignonnes (cygnes), des pans et panesses, des bitardes (outardes), tourtes (tourterelles), buhoreaulx (bihoreaux), cigognes, etc ; » — (*Entrées royales et princières dans Amiens*, par *M. A. Dubois* ; *passim*.)

PALOTIER, **PALLETTE**, **PALOT**, s. m ou f. — Spatule blanche. — Voir ci-dessus.

PALOTIS, s. m. — Ainsi prononce-t-on, en certains lieux, le mot picard *paillotis*, clôture faite en torchis.

PAME s. f. — Paume de la main. — Signifie de plus, la largeur du poing, c'est-à-dire celle des quatre doigts de la main fermée. Dans les villages de l'Amiénois où l'on cultive le lin, la hauteur de sa tige se mesure à l'aide des poings alternativement superposés. Après avoir ainsi mesuré l'on dit : « ch' lin lò, il a tant d' *pames* ». De même en Hainaut (HÉCART)

C'était du reste le sens de *poing* que l'on donnait autrefois, dans notre contrée, au masc lat. « palmus, poing », non pas celui d'*empan*, son vrai sens, (*Voc. de Douai*,

14e s.). Un auteur du même temps, W. Briton, expose en outre, en termes précis, que « palmus in mensuris agrorum *quatuor digitos* habet. ».

La forme de notre terme picard est très ancienne : « qui fiert (frappe) de *pame* ou de poin, de verge ou de gros baston ... ne doit que III solz (1346, cit. de *Du Cange* Vo *Volagius*),

ETYM. : *Pame* est syncopé du fém. lat. *palma*, paume de la main ; non pas du masc. *palmus*. — On remarquera la même syncope du L dans le mot suivant.

PAMELLE. On prononce aussi en nasalisant *panmelle*, s. f. — La paumelle ou petite orge d'été, *hordeum distichum*. Son épi, de forme plate, ne se compose en effet que de deux rangées de grains armés de longues barbes. Ces dispositions l'ont fait comparer à une petite palme, en latin *palmula*, d'où le diminutif syncopé *pamelle*. — En ancien français l'on disait aussi, au même sens figuré, « *pamoule*, *paulmelle*, et orge *paumée* (palmée), » et en bas-latin on a relevé *palmola*, orge d'été. Conf., au point de vue de la transformation, l'italien *medolla*, du latin *medulla*, moëlle.

Ex. : *Amiens 1575*. — « Soixante trois septiers de *pamelle* prisée au pris de treize solz le septier. »

Ibid 1609. — « Ung septier et demy de *pamelle* prisée XXX solz. »

Aujourd'hui encore, à Amiens, c'est la forme *pamelle* qui prévaut. On lit, par exemple, sur les en-tête des factures imprimées de la maison Moitié fils, marchand grainetier à Amiens.... «Sarrasin, *pamelle*, chènevis.... » (1894) ; de même au tableau officiel des mercuriales du 10 août 1895.

Du reste, cette forme était autrefois considérée comme française (1643 *L. D'Arsy*), Mais Corblet dit à tort qu'elle existe en flamand.

SYN. MASC. usité en Basse-Picardie, « *Bayard* » (Arr. de Montreuil) ou *baillard*. (*Essai s. l'arr. de Boulogne*, par *Henry*, in-4o, p. 171). Le même terme avait cours en vieux français sous les formes *baillart*, *baillark* et *baillarge*, (continuateurs de Du Cange) ; celle-ci figure encore dans Cotgrave (1611), et persiste dans les patois du centre et de la Saintonge (V. *Le Comte Jaubert* et *P. Jônain*). A signaler une latinisation bizarre, *bailhargia*, qu'ont relevée les contin. de Du Cange. Enfin on trouve au même sens, *bayade*, bien que le mot ne soit pas français, dans plusieurs grands dictionnaires français modernes (*Vallery* 1834 ; *Chésurolles* 1840).

Quelle serait la meilleure de ces différentes formes ou la moins altérée ? et surtout à quelle idée première est due l'expression ? Peut-être faut-il voir tout simplement dans ce synonyme de *pamelle* une métaphore identique à celle qui a donné naissance à ce dernier terme. Dans ce cas, le type pourrait être *baïa*, palme, que Du Cange a relevé dans ce passage de saint Jérôme : « Cubile iis de foliis palmarum quas *baïas* vocant, contextum erat. »

DÉR. : *Pameleuse*, s. f. et plus généralement *Pamelis* (pam'li), s. m. — Mélange de *pamelle* et d'avoine, soit sur pied, soit en grain, soit en paille.

Ces dérivés existaient aussi jadis. Ex. :

« Une pièce de *palmeleuze* (sic) contenant sept journaulx, prisez à huict liv. le journeul. » (AMIENS, 1618).

« Trois quartiers de mars, chargés de *pameleuse*. » (VILLERS-BOCAGE, 1653).

« Item, quatre dizeaux de *pamelis* estimés en tout dix-sept liv. » (VAUX-EN-AMIÉNOIS, 1751).

« Deux septiers de griblures de *pamelis* à raison de quarante sols le septier. ». (VAUX-EN-AMIÉNOIS, 1751).

« Quatre maines (corr. *minnes* = mines) de *pamelly* prisé trente-six sols la maine » (LA VACQUERIE, en Beauvoisis, 1744)

« Quatre-vingt-huit bottes de *pamely* battu à un sol la botte. » (CEMPUIS, 1789).

Dans une partie du Santerre on donne le nom de *Pamelies* (s. f. plur.), au feurre ou paille de la *pamelle* non mélangée.

PAMELLES, s. f. plur. — Ridelles ou côtés d'une charrette ou d'un charriot faits en claire-voie (1860, canton de Corbie). A Villers-Bocage ce sont les pièces de bois horizontales et méplates de la ridelle ; celles qui les traversent verticalement, — et qui le plus souvent consistent en de simples bâtons, — y sont appelées *broquereus*. Enfin dans le nord pic. *pamelle*, *paumelle*, prend les acceptions de traverses

TYPOGRAPHIE & LITHOGRAPHIE

T. JEUNET

N°. d'Ordre

3034

BULLETIN DE LIVRAISON

Amiens, le [illegible] 18[illegible]

Livré à M. [illegible]

7	Feuilles [illegible]		
	T. III	1	[illegible]
	[illegible]		[illegible]
	Monsieur [illegible]		
	[illegible]		
	[illegible]		

www.ingramcontent.com/pod-product-compliance
Ingram Content Group UK Ltd.
Pitfield, Milton Keynes, MK11 3LW, UK
UKHW020437180726
13839UKWH00004B/1527

9 782329 598529